Christian Haller

Flussabwärts gegen den Strom

Christian Haller

Flussabwärts gegen den Strom

Roman

Luchterhand

Anfang März, acht Uhr morgens. Pippas Schwester und ich, Besitzer der Liegenschaft, warten mit unserem Anwalt in der Eingangshalle des Gerichtsgebäudes. Die Verhandlung soll in Kürze beginnen.

Vor drei Jahren, am 13. Juni, stürzte die sieben Meter hohe Mauer, die unsere Terrasse zum Rhein hin begrenzt hatte in den Strom. Ein Grollen und Bersten erschütterte das Fundament des Hauses, riss eine klaffende Wunde aus Erde und Fels unter die beiden Veranden. Nach Befestigung des Untergrunds und der Errichtung eines Balkons blieb die Frage zu klären, ob die Schadenssumme nicht durch die Versicherung wenigstens teilweise bezahlt werden müsste.

Unser Anwalt, der den Fall aus freundschaftlicher Hilfsbereitschaft übernommen hatte, bedeutete Pippas Schwester und mir zu schweigen, wir hätten Zuhörer. Wenige Schritte entfernt standen die Vertreter der Gegenpartei. Ihnen gehörte jener Stadtrat an, der während der Bauzeit die Vertrauensperson bei der Gemeindebehörde gewesen war: ein massiger Mann Mitte vierzig, in Lederjacke,

Hemd und Jeans, das wellig dunkle Haar zurückgekämmt. Er lächelte mir zu, nickte. Als Regionalchef vertrat er jetzt die Versicherung, die abgelehnt hatte, für eine Kostenübernahme zuständig zu sein.

Wir wurden in den Gerichtssaal geführt, nahmen vor dem Tresen Platz, an dem, flankiert von zwei Fachrichtern, der Gerichtspräsident saß. Es gehe um die Befragung der Parteien – und nachdem das Prozedere erläutert, die zugezogenen Experten vorgestellt worden waren, wurde der Fall summarisch zusammengefasst: von den Sanierungsarbeiten an der Terrassenmauer, ihrem Einsturz während eines Hochwassers und der Wiederherstellung einer heute sicheren Wohnlage. Ich wurde vom Gerichtspräsidenten angesprochen, und obwohl vereinbart gewesen war, dass lediglich unser Anwalt Auskunft geben solle, bedeutete er mir mit einem Blick zu reden.

Ich hatte mir in den vergangenen Monaten die Hochwasserzahlen besorgt, die mehrjährige Entwicklung der Durchflussmengen studiert, machte mich über die geologische Formation im Uferbereich kundig, hatte die alten Unterlagen über die Felssprengungen während des Kraftwerkbaus herausgesucht. Nun begann ich die Erkenntnisse zu erläutern, die ich aus meinen Studien gezogen hatte.

Die Gegenseite, nachdem ihr das Wort zur Stellungnahme gegeben wurde, widersprach. Was ich vorgebracht habe, seien nicht zu belegende Vermutungen. Es habe nach ihren Kenntnissen zu dem Zeitpunkt kein Hochwasser gegeben, von Felsabbrüchen im Untergrund der Mauer sei nichts bekannt, und unsere Sanierungsmaßnahmen vor dem Einsturz hätten offenbar nicht die gewünschte Stabilisierung erbracht. Es sei, ihren Einschätzungen zufolge eine alte Mauer gewesen, der Schaden altersbedingt und deshalb auch nicht versichert.

Während der Anwalt der Gegenpartei seine Argumente vorbrachte, blickte ich auf die Papiere, die sich vor jedem im Saal stapelten. Ich hatte meinen Teil dazu beigetragen. Aus dem donnernden Zusammenbruch der Mauer, damals, an jenem frühen Junimorgen, waren im Verlauf des Prozesses Texte geworden. Sie hatten sich vom tatsächlichen Geschehen abgelöst, waren in der Zwischenzeit zu einer eigenen Wirklichkeit aus Wörtern geworden. Die Mauer bestand aus Beschreibung, das Wasser strömte in Kubikmetern pro Sekunde, die Terrasse war eine Jahreszahl und die Wiederherstellung des Balkons eine Geldsumme.

Während der Anwalt der Gegenpartei weitschweifig seine Argumente erläuterte, ergriff mich eine Heiterkeit. Wie die Akten, dachte ich, seien auch meine Romane, Erzählungen und Gedichte eigene, vom Erlebten abgelöste Wirklichkeiten. Sie hätten genauso eine Tatsächlichkeit aus Wörtern und Sätzen geschaffen, die für sich und unabhängig von ihrem Ursprung existierte, und ich hätte als junger Mann früh geahnt, dass es für mich leichter wäre, mich in Textwirklichkeiten zu bewegen als in einer mir oft fremd erscheinenden, unverständlichen Welt. Wenn ich beharrlich beim Schreiben geblieben war, dann aus der

Überzeugung, mich einzig durch Schreiben – wie hier vor Gericht – in der alltäglichen Wirklichkeit behaupten zu können.

TEIL I

Einschlagskrater

1

Ich hatte die Zeit zwischen zwanzigstem und vierzigstem Lebensjahr mit dem Versuch zugebracht, die Welt, in der ich mich bewegte, lesen zu lernen. Jetzt wollte ich sie mir erschreiben.

Ich hatte genügend Material gesammelt. In der Zeit am Gottlieb Duttweiler-Institut war ich mit den unterschiedlichsten Kreisen bekannt geworden und wollte nun einen Gesellschaftsroman über Intrigen und Machtspiele schreiben. Ich hatte Notizen und bereits den Titel: »Der Kongress«. Die Vorbereitung und Durchführung einer Zusammenkunft internationaler Exponenten von Wirtschaft, Wissenschaft und Kultur gäbe die Dramaturgie des Romans, das allmähliche Aufdecken unlauterer Machenschaften den Plot. Die Hauptfigur, ein Kongressorganisator, wie ich es gewesen war, sollte sich mit Einflussnahme, Erpressung und der Vorspiegelung falscher Tatsachen auseinandersetzen. Dieser Thyl Osterholz, so nannte ich meinen Protagonisten, ein Narr und Heiliger, wäre Ermittler und Strippenzieher. Mir schwebte eine Figur wie Jack Burden im Roman »All the King's Men« von Robert Penn

Warren vor, der stets im Hintergrund, als Pressesprecher eines Gouverneurs, verfolgt, wie aus dem besorgten Bürger, der idealistisch sein Amt antritt, ein korrupter und machtbesessener Politiker wird.

Ein Jahr lang müssten meine Ersparnisse reichen, um ungestört arbeiten zu können. Pippa zöge von Aarau zu mir nach Zürich an den Heuelsteig, da sie seit dem Ende der »Innerstadtbühne« kein Engagement mehr hatte. Sie wollte künftig selbständig als Regisseurin arbeiten und nur vereinzelt noch Rollen als Schauspielerin übernehmen. Wir müssten sparsam leben, und obwohl meine Wohnung im ehemaligen Weinbauernhaus oberhalb des Römerhofs für zwei Personen zu klein war, richteten wir uns ein so gut es eben ging. Die Küche, ein gefangener Raum zwischen Flur und zwei Zimmern, bot nur gerade so viel Platz, dass man ohne einen Schritt zu machen alles erreichen konnte: den zweiflammigen Gaskocher, den Kaltwasserhahn über dem Spülbecken, das Regal mit den Vorräten und einen Schrank mit Geschirr. Die eine Kammer diente als Schlafzimmer, die andere – mit Großvaters Schiefertisch, den Bücherregalen und dem »Sägebock«, einen Ohrensessel, dessen angebliche Bequemlichkeit einem auch bei langweiligster Lektüre wach hielt – war Speise-, Wohn- und Pippas Arbeitszimmer. In der dritten Kammer standen mein »Schreibtisch«, eine Spanplatte auf zwei Holzböcken, dazu ein Bücherregal und ein Kleiderschrank, auf die ein schwacher Schein der Wärmelampen aus dem Terrarium mit den Leguanen fiel. Auch wenn es kein Warmwasser gab, kein Bad, und die Toilette außen neben der Treppe, war, liebten wir die Wohnung. Sie besaß eine Atmosphäre höhlenartiger Geborgenheit und war so günstig, dass wir auch bei längeren Einkommenslücken die Miete bezahlen konnten.

Ich sank ganz und gar in mein Romangeschehen ein. Die Szenen, die ich auf meiner alten Hermes Baby schrieb, nahmen eine Intensität an, die stärker als das Leben vor den kleinen, unterteilten Fenstern war, die wenig Licht einließen. Am Schreibtisch, im Kreis der Tischlampe, lebte ich in Zeilen mit Klebeband und Tipp-Ex. Zwischen Blatt und meinen Augen entstand das Büro im Industriequartier, wurde zu Wörtern wie »spinatgrüner Filzteppich«, auf dem mein damals altes Stahlpult stand. An ihm saß ich als Osterholz, zurückgelehnt im Drehstuhl, ohne Idee für einen nächsten Kongress, als ein Telefonanruf kam und eine Stunde später ein Mann, dem ich den Namen Jiri Loos in meinem Manuskript gab, am Besprechungstisch geheime Berichte von Untersuchungen ausbreitete, die eine Verunreinigung von Lösungsmitteln mit giftigen Substanzen bestätigten: ein Skandal vom Ausmaß der Giftfässer von Seveso. Jiri Loos' Geschichte eines Angestellten, der im Konzern Alarm schlägt und nicht gehört wird, nahm ich als Ausgangspunkt der Romanhandlung um Umweltgifte, Vertuschung und Erpressung. Ich führte meinen Text eng an den Erfahrungen entlang, die ich am Gottlieb Duttweiler-Institut während der Vorbereitung des Kongresses »Chemie / Mensch / Umwelt« gemacht hatte. Während des Schreibens destillierten die Sätze das damalige Geschehen zu einer berauschenden Essenz. Ich verspürte kein Bedürfnis mehr, meine Klause zu verlassen, in die Stadt zu gehen, Leute zu treffen. Pippa war mit Vorbesprechungen, Recherchen, später mit Proben beschäftigt. Sie hatte für die neue Spielzeit einen Regieauftrag erhalten und würde »Der böse Geist des Lumpazivagabundus« von Nestroy am »Kellertheater Bremgarten« inszenieren. So hatte ich die Kammern am Heuelsteig die meiste Zeit für mich allein. Ungestört konnte ich meine Tage einteilen, die Zeit des Schreibens, die Zeit der Lektüre, und es gab Wochen, in denen ich kaum einmal einen Schritt vor die Haustür machte, es sei denn, um eine Dose Ravioli im Coop-Geschäft zu holen.

Doch das Alltagsleben kam zu mir, drang durch einen Jungen, der quer über der Straße wohnte, in meine Abgeschiedenheit ein. Er hieß Nils und war der Sohn eines Kollegen aus der Seminarzeit. Alex Melzer und ich hatten uns zufällig auf der Straße getroffen und herausgefunden, dass Alex keine hundert Meter von meiner Heuelhöhle entfernt an der Bergstrasse wohnte. Ich war damals frisch am Gottlieb Duttweiler-Institut angestellt gewesen, Alex hatte eine Assistenzstelle an der Eidgenössischen Technischen Hochschule und beschäftigte sich mit ökonomischen Strategien im Umkreis der Club-of-Rome-Forschung zu den Grenzen des Wachstums. Wir trafen uns nach dieser ersten, zufälligen Begegnung regelmäßig, philosophierten über die Auswirkungen, welche die Aufhebung der letzten Reste des Goldstandards auslösten und wie nach der Ölkrise 1973 ein zunehmender Vorrang der Ökonomie die Gesellschaft in allen Lebensfragen zu verändern begann. Als Alex in Manila eine Stelle bei der Internationalen Entwicklungsbank annahm, wirtschaftliche und soziale Förderprojekte in den Ländern Asiens umsetzte, klopfte sein Sohn Nils, der mit seiner Mutter in der Schweiz geblieben war, an die Wohnungstür und wollte wissen, weshalb es bei uns keine Abenteuer mehr gebe. Es sei langweilig. Was geschehe, bleibe vorhersehbar. Irgendwie müsse das Leben doch spannend sein. Nils fand sein Schelmenstück, beim Metzger am Römerhof kurz vor Mittag ein Fünfzigrappenstück auf den Tresen zu legen und mit großen Hungeraugen zu fragen, ob es dafür Salami gebe, kein wirklich großes Abenteuer. Er zog zwar regelmäßig mit einem Packen seiner Lieblingswurst ab, klimperte mit dem eingesparten Mittagsgeld in der Hosentasche – »doch es geht zu einfach, beim letzten Mal hat der Metzger mir die Salami sogar geschenkt!«

Das Abenteuerliche, das Spannung in den Alltag brachte, beschäftigte uns beide, Nils, weil er sich nach heldenhaften Taten sehnte, mich, weil ich einen Gesellschaftsroman zu schreiben begonnen hatte. Ich verschwieg, dass ich durch meine Erfahrungen zur Ansicht gelangt war, in einer saturierten Gesellschaft, ohne Mythen und existentielle Stoffe, lägen die Abenteuer einzig noch in den gesetzlichen Randzonen, die Nils mit seiner Schlaumeierei, das Sackgeld einzusparen, nur streifte. Während ich herausfinden wollte, wie durch den Bruch des Geregelten und Gewohnten erst Dramatik entsteht, segelte Nils auf Abenteuersuche mit Emilio Salgaris Buch »Sandokan – Die Tiger von Mompracem« in den südasiatischen Gewässern, unweit der Philippinen, wo sein Vater sich aufhielt. Nils kämpfte in seiner Lektüre unter der Bettdecke gegen britische Kolonialherren, sein Vater Alex in den Institutionen gegen westliche Fehlkonzepte, und ich war überzeugt, es müsse eine neue Art von Kriminalliteratur geben. Diese setzte sich nicht mit physischen, sondern geistigen Verbrechen auseinander, die zwar in keinem Strafgesetzbuch vorkamen, doch in unserer Gesellschaft verbreitet waren. Dieses Thema wollte ich in meinem Roman herausarbeiten.

Das rauschhafte Schreiben war längst zu nüchterner Textarbeit geworden. Ich fühlte mich unsicher, wo ich verknappen, wo ich mehr ausführen sollte. Wie konnte ich ein Geschehen für den Leser verständlich machen, der mit dem Milieu, den Akteuren im Duttweiler-Institut nicht vertraut war. Ich strich, fügte hinzu und beschloss nach dem geplanten Jahr Arbeit am Roman, auch das folgende mit meinen Schreibprojekten zu verbringen. Meine Ersparnisse waren weniger geschrumpft, als ich erwartet hatte, und Pippa verdiente mit ihren Regiearbeiten zwar wenig, doch das Geld reichte, um unsere Kosten anteilig zu tragen. Zudem erhielt ich dank der Zeit am Gottlieb Duttweiler-Institut ein paar Folgeaufträge, wurde als Referent nach Salzburg zu einem Symposium zu Ehren des Philosophen Leopold Kohr eingeladen, bekam etwas Sitzungsgeld als Stiftungsrat der »Schweizerische Energie-Stiftung«, die ich in den Siebzigerjahren mitbegründet hatte. Nach einem weiteren Jahr konzentrierter Arbeit wollte ich meinen Roman beendet haben. Gelänge es, ihn kurz danach zu publizieren, so hoffte ich, könnte ich mich noch etwas länger in finanzieller Unabhängigkeit und Freiheit halten.

Pippa las das fünfhundert Seiten starke Manuskript während der Ferien. Ein Bekannter hatte uns ein Zimmer in seinem Haus auf Mljet, einer Insel vor Dubrovnik, überlassen. In dieser von Föhren und weißem Gestein geprägten Landschaft, in der azurblau das Wasser durch die Zweige und Nadelbüsche leuchtete und im Verlaufe des Nachmittags mehr und mehr gehämmertem Silber glich, lag Pippa in ihrem Liegestuhl und las. Ich war überzeugt, sie müsste von meinem Roman begeistert sein, ihn vielleicht sogar bewundern. Eine Spannung blieb dennoch, auch wenn ich schon Pippas lobende Kommentare hörte. Eine Spur Unsicherheit ließ mich beim Herumschlendern am Strand öfter zu Pippa und dem Manuskript hinüberblicken: Sie las, gut, gut, sie las!

Hatte der Apostel Paulus, wie die Sage ging, auf Mljet Schiffbruch erlitten, so tat ich es ihm mit meinem Romanmanuskript gleich. Pippa fand den Text nicht wirklich gelungen. Die Geschichte sei zwar »interessant«, doch die Hauptfigur finde sie unsympathisch. Sein besserwisserisches Kommentieren, sein Machogehabe gehe ihr auf die Nerven. Ich argumentierte und verteidigte. Mein Held müsse ein harter Bursche sein, schließlich bewege er sich auf gefährlichem Terrain: Industriebosse seien in ihrem Handeln unzimperlich, würden sie angegriffen. Was also müsste ich ändern?

Das südliche Eiland verdunkelte sich. Ich hockte vor dem Haus, brütete vor mich hin. Wie ließe sich dieser Osterholz, der ich doch auch selber war, sympathischer darstellen?

Zu Hause begann ich sofort mit Überarbeiten, schrieb den ganzen Winter durch an einer neuen Fassung. Doch auch diese fand keine Gnade vor Pippas im Theater geschultem Blick. Thyl Osterholz habe kein Privatleben, man wisse nicht, wo und wie er wohne, ob er Familie habe oder allein sei und welche anderen Interessen er außer Intrigen, Machtspielen und faulen Tricks habe.

Pippa hatte mit ihrem Einwand recht. Dieser Osterholz war ausschließlich mit seinem »Fall« beschäftigt, reiste herum, führte Gespräche, saß im Büro, doch ohne je die Kleider zu wechseln, ein Spiegelei zu braten, sich mit einer Frau zu treffen. Ich müsste eine zusätzliche Ebene in den Text einarbeiten. Ein Privatleben, das Auswirkungen auch auf das gesamte Romangefüge haben würde und ein weiteres Jahr konzentrierten Arbeitens am Roman nötig machte. Finanziell ließ sich dies deshalb verantworten, weil sowohl bei Pippa wie bei mir Bewegung in unsere selbständigen Tätigkeiten gekommen war. Ich hatte den Auftrag erhalten, eine Expertise zu einem geplanten Lektorat Schweiz des S. Fischer Verlags, Frankfurt, zu verfassen. Mit meiner Abklärung überzeugte ich Frau Schöller und den Verlagsleiter Erb, dass es sich um eine Fehlinvestition handeln würde, wenn in der Schweiz ein Lektorat eingerichtet würde. *Es ist zu wenig Substanz vorhanden, um ein größeres Programm zu realisieren*, stand in meinem Papier, eine Einschätzung, die mich um eine einträgliche Stelle brachte. Doch ich wollte schreiben und keine feste Anstellung. Mein Band Märchen »Prinz Ramins Garten« erschien, ich verfasste für die Zeitschrift »OMNI« gut bezahlte Glossen, erhielt vom »Aargauer Kuratorium« ein Werkjahr für die Weiterarbeit am Romanmanuskript »Der Kongress«. Wenn Pippa auch weiterhin regelmäßig Aufträge als Regisseurin bekäme, ich Glossen und Artikel neben der Arbeit am Roman schriebe, ließe sich vielleicht eine freiberufliche Existenz aufbauen, und wir könnten uns ohne feste Anstellungen finanziell durchbringen.

2

Die Tage Mitte Februar waren kalt. Das Wasser gefror in der Toilette, unsere Gusseisenöfen hielten die Räume kaum noch warm. Wir hatten meine Mutter besucht, kamen abends nach Hause, und ich legte Kohlebriketts in den Öfen nach. Pippa richtete sich im Wohn-Ess-Arbeitszimmer mit einem Glas Tee und einer Banane im »Sägebock« ein. Sie wolle noch lesen. Ich war müde und etwas ungehalten: Bestimmt würde ich nicht mehr einschlafen können, wenn sie spät ins Schlafzimmer käme und mich weckte. Ich drehte in der Küche die Flammen des Gaskochers ab, die ich zum Wärmen hatte brennen lassen, sah im Ausschnitt der Tür Pippa lesend im Rund der Deckenlampe vor den nachtschwarzen, spiegelnden Scheiben sitzen, wandte mich ab und ging den kurzen Flur zur Schlafkammer. Es sollte der letzte Blick in unser bisheriges, gemeinsames Leben gewesen sein.

Zwischen zwei und drei Uhr früh erlitt Pippa eine Hirnblutung, lag zur Hälfte aus dem Bett gerutscht am Boden, stöhnte, schlug um sich, und grell durchzuckte mich ein Gedankenblitz: *Es ist passiert!* Überwach begann mein

Körper zu handeln, selbsttätig, durch ein Hirn gesteuert, das emotionslos einen Katalog von Maßnahmen abhakte wie Notanruf, Symptome beschreiben, Weg erklären. Ich war ein Jemand, der sich über das schmerzverzerrte Gesicht beugte, Wörter flüsterte, kühle Waschlappen auf die Stirn legte, die schlagenden Bewegungen des einen Arms zu beruhigen suchte. Ich bestand aus Blicken, die aus dem Innern des erleuchteten Krankenwagens hinaus ins Dunkel gingen, in verlassene, leere Straßen, über die hinweg das Blaulicht kreiselte, funktionierte als ein Haufen koordinierter Zellen, der hinter der Bahre durch Korridore des Krankenhauses lief, bis dieser Körper, der mein Körper war, auf einer Bank gegenüber dem Untersuchungszimmer, in den Zustand apathischer Betäubung schaltete.

Auch da hatte es einen letzten Blick gegeben, als ich aus dem Untersuchungszimmer weggewiesen worden war und sich die Schiebetür zu schließen begann. Im Schein einer Lampe beugte sich der Arzt über Pippa, schrie sie an, ohrfeigte sie, dann hatte sich die Tür geschlossen, war nichts mehr als der leere Flur im flirrenden Neonlicht.

Nach einer Stunde wurde ein Bett an mir vorbeigeschoben, Pippa lag jetzt ruhig in weißen Laken, und ich schaute dem Gefährt nach, als wäre es bereits eine Erinnerung, die ich vergegenwärtigen müsste, Geschehnis einer Vergangenheit, die nicht mehr zu ändern war, jedoch meine Kehle zuschnürte, Tränen hervorpresste, den Magen anhob: Pippa, die am Boden lag und die ich anrief, ohne dass meine Stimme zu ihr in die Tiefe drang.

Nach drei weiteren Stunden, gegen sieben Uhr, verließ ich die Klinik, ohne mit jemandem gesprochen zu haben, ohne zu wissen, wo Pippa sich jetzt befand. Ich lief die Straßen entlang, durch die wir nachts gefahren waren. Zu Hause stand ich in der Schlafzimmertür, sah auf das Bett und die verrutschte Decke, in der noch Pippas Umriss eingedrückt war.

Ich erledigte Telefonanrufe, sagte Termine ab, begab mich dann in meinem Arbeitszimmer. Durch die Fenster fiel graues Morgenlicht. Der Schreibtisch, die Bücher und Manuskripte, mein Lesestuhl, das Terrarium mit den Leguanen sahen mich fremd an, befanden sich außerhalb eines mich umgebenden Hofs von Gefühllosigkeit. Ich hörte den Verkehrslärm von der Straße, lauschte auf die Geräusche aus den Räumen des Tuchhandels im Haus – Geräusche einer geschäftigen Welt, der ich mich nicht mehr angehörig fühlte.

Gegen Mittag ging ich vom Heuelsteig zu Fuß zum »Pfauen«, um von dort mit der Straßenbahn zur Universitätsklinik zu fahren. Vor der Auslage der Buchhandlung »Kellerhals« am Schauspielhaus blieb ich stehen. Ich sah auf die Bücher in farbigen Umschlägen mit weißen oder schwarzen Schriftzügen. Ich sah auf die Bücher wie auf Zeichen eines künftigen Lebens, betrat den Laden, kaufte ein Taschenbuch, das ich in der Auslage gesehen hatte, von dem ich weder den Autor noch den Titel kannte. Beim Verlassen der Buchhandlung schob ich die Tüte mit dem

Buch in die Manteltasche, und diese Geste, scheinbar selbstverständlich, löste in mir eine Empfindung aus, als gehöre sie zu einer Figur, die ich einst selbst sein würde, in einem neuen, erst zu entdeckenden Dasein: Es hatte heute Nacht begonnen, und mein Lebensraum würden die Seiten zwischen zwei Buchdeckeln sein.

Dieser Gedanke, der sich mir beim Hineinschieben des Buches in die Manteltasche aufgedrängt hatte, sank in mich ein, verhärtete sich zu einer Überzeugung, gegen die ich mich wehrte. Ausgerechnet dieser katastrophale Einbruch in Pippas und mein Leben sollte mich zum Schreiben führen, mich zum Schriftsteller machen? Im Tausch zum möglichen Tod Pippas? Jenem Menschen, der mir wie kein anderer im Leben nahe war?

Pippa lag in einem Zimmer der neurophysiologischen Abteilung im vierten Stock. Sie hatte eine außerordentlich starke und schwer zu stillende Blutung in der rechten Hirnhälfte erlitten, war im Koma, und der Arzt sagte, dass die nächsten Tage entscheidend sein würden: Erwache die Patientin nicht im Lauf einer Woche, dann … Er zuckte die Achseln, schüttelte leicht den Kopf.

Ich saß bis am Abend an Pippas Bett, ging am nächsten Tag schon frühmorgens wieder hin, hielt Wache und zählte die Tage. Jeden Morgen öffnete ich erwartungsvoll die Tür ihres Krankenzimmers, spürte den Stich Enttäuschung, wenn ich sie unverändert daliegen sah. Die Zeit wurde kürzer, in der Pippa erwachen sollte. Reglos lag ihr Kopf auf dem Kissen, die Haare aufgelöst, der Mund halb offen. Der Atem ging stoßweise ein und aus. Über ihr lief der Kathodenstrahl, zog seine Linie in gleichförmigem Rhythmus. Die Tropfen aus dem Plastikbeutel zählten die Minuten, und im Fenster hing ein Nebelgrau, das heller wurde und wieder eindunkelte, und im Aufzucken des Neonlichts spiegelnde Schwärze wurde. Ich verließ das Zimmer, trottete nach Hause, und es weinte in mir schmerzlich beklemmend in der Brust.

Als dränge durch Pippas Hand, die ich während meiner Besuche durch das aufgezogene Gitter hielt, ihre Bewusstlosigkeit auch in mich, saß ich für Stunden einfach da, lauschte auf ihre Atemzüge, blickte durch das Fenster in die Baumspitzen und zur Kuppel der Universität hinüber. In diese mir ferne Welt müssten wir wiederum zurückfinden, zurück in das eben erst begonnene selbständige Arbeiten, zu Pippas Regieprojekten, zu meinem Schreiben. Und ich beugte mich tief über ihren Kopf, redete auf sie ein, eindringlich, doch nicht laut, flüsterte, sie solle von dem Ort zurückkommen, an dem sie jetzt weile. Wir wollten doch unsere Wege gemeinsam weitergehen, das sei doch stets das innerste Versprechen aneinander gewesen. Ich wolle *mit ihr* weitergehen … und es dauerte einen Moment, bis Pippa antwortete: Ich verspürte einen leichten, doch deutlichen Händedruck.

3

Eine Woche war vergangen. Noch immer lag Pippa bewusstlos da, die Lider geschlossen, voll feiner Fältchen. Ihre Schwester und ich harrten am Bett aus. Ich flehte sie an, endlich aus der Schlucht heraufzukommen, in die sie gestürzt sei, aufzuwachen, die Augen aufzuschlagen. Es wurde Nachmittag, ging auf drei Uhr. Als wartete Pippa den letzten Moment ab, um in die Tagwelt zurückzukehren, begannen plötzlich ihre Lider zu flimmern. Ich beugte mich vor, wollte sehen, ob tatsächlich eine Regung die feine Haut durchlief. Da zerrten zwei, drei Zuckungen an den Wimpern, Pippa schlug die Augen auf, blickte erstaunt ins Zimmer. Doch sogleich verzerrten sich die Gesichtszüge zum Ausdruck heftigen Schmerzes. Sie warf den Kopf zur Seite, die Augen zugepresst. Nach einer Weile öffnete Pippa sie erneut, sah uns an. Sie versuchte zu sprechen, konnte es nicht, hob die rechte Hand, deutete auf sich und machte eine abwehrend verneinende Geste zu uns hin, die bedeuten sollte: »Bin kaputt!« Sie zeigte auf mich und ihre Schwester, wir sollten uns zusammentun, mit ihr könnten wir nicht mehr rechnen. Und wieder das Zeichen: »Bin kaputt!«, und Pippa wandte den Kopf ab.

Was sie gesehen hatte, nachdem sie aus dem Koma erwacht war, musste erschreckend gewesen sein, zumal sie es nicht äußern konnte. Sie verlangte am nächsten Tag Papier und Stift, wollte aufschreiben was sie quälte. Pippa schrieb, schrieb ohne abzusetzen in Wiederholung und Wiederholung von »Silsilsilsilsil-benbenbenben …« Eine lange, sich senkende Zeile.

Sechs Wochen verblieb Pippa auf der neurologischen Abteilung der Universitätsklinik. Am Morgen auf dem Hinweg, am Abend nach den Stunden im Krankenzimmer verweilte ich im Park, der die Spitalgebäude umgab. Ich schlenderte im Dämmerlicht die Wege entlang, blieb stehen, setzte mich trotz der Kälte oftmals auf eine Bank, blickte zu den erleuchteten Fenstern hoch, lauschte dem Verkehrslärm der Stadt. Ich befand mich mit kahlen Bäumen und immergrünen Büschen in einem Dazwischen, war noch nicht im Lebensgedränge draußen, hielt mich jedoch auch nicht mehr im »Vorhof des Todes« drinnen auf, wie ich die Klinik nannte. Wie würde möglich werden, mich von diesem Nullmeridian fortzubewegen und erneut herzustellen, was ich doch zu einem Teil bereits erreicht hatte, nämlich das Gleichgewicht zwischen Rückzug und dem Versuch, mich in der Welt durchzusetzen? Wie gelänge es, zur konzentrierten Arbeit am Roman und zum Abarbeiten von bezahlten Aufträgen zurückzufinden? Und ließe sich fortsetzen, was Pippa und ich uns erhofft hatten, nämlich uns auch weiterhin, ohne feste Anstellungen, in freiberuflicher Tätigkeit durchzubringen?

Am Abend aß ich am Schiefertisch ein paar Brote. Danach stellte ich mich ans Fenster meines Arbeitszimmers, sah zwischen den Vorhängen hinaus in die Nacht, wartete, lauschte in die Stille der Wohnung. Nein, nichts hielt mich hier, im Gegenteil, die Erinnerung an die Nacht von Pippas Hirnblutung trieb mich hinaus.

Ich fuhr nach Bremgarten, verbrachte die Abendstunden im »Theater am Spittel«, einem Kellertheater, dessen Leiter ich kannte. Ich besuchte Premièren, sah manche Stücke zwei, drei Mal an, blieb nach den Vorstellungen im Foyer zurück, in einer stets gleichen Gesellschaft von theaterbegeisterten Gymnasiasten, aber auch gut situierten Leuten mittleren Alters, zu denen sich die Schauspieler und Musiker gesellten. Es wurde geflirtet, getrunken, getanzt und der neueste Kleinstadtklatsch verhandelt, und ich mischte mich unter die Besucher, bis die Betäubung wich, ich wiederum am Steuer meines Autos saß, mit den Tränen kämpfte, aus Trauer, aus Selbstmitleid, auch aus Neid auf die jungen Menschen, die wie Pippa und ich damals in unserer Dachkammer, von ihrem Aufbruch ins Berufsleben, von ihren Plänen und Zielen erzählten, von glänzenden Zukünften, auf die sie hofften.

Nachts lag ich wach. Bilder kamen in mir hoch, die ich in einem Fotobuch gesehen hatte: Aufnahmen einer Kraterlandschaft, entstanden durch den Einschlag eines Asteroiden, aufgerissene Erde, zerstörte Vegetation, ein riesiger Trichter, dessen Ränder erodierten – und ich sah im nächtlichen Dunkel diese verwüstete Landschaft vor mir, die doch in mir war, schaute vom Kraterrand in den eingeschlagenen Trichter, aus dem Rauch und Dämpfe quollen. Über dieses Bild spannte sich ein Koordinatennetz von einst regelmäßigen Maschen, als sollte es vermessen werden. Dieses Netz war jetzt gestaucht, verzerrt, an anderer Stelle überdehnt oder gar zerrissen. Das bisherige Geflecht ausgeglichener Beziehungen war zerstört, und ich fürchtete, in dem Einschlagsgebiet gehorchten die Dinge nicht mehr den üblichen Gesetzen. Sequenzen aus Tarkovskis Film »Stalker«, den ich vor einigen Jahren gesehen hatte, überlagerten die Bilder aus dem Fotobuch, und ich erinnerte mich des Mottos: »…was es war? Der Fall eines Meteoriten? Der Besuch von Bewohnern des menschlichen Kosmos?« Auch ich müsste wie der »Stalker« in die ZONE eindringen, doch ich hatte Angst: Was würde ich dort vorfinden? Könnte sich die Vermutung bestätigen, dass ich eher der unmenschliche statt menschliche Besucher war, der eine zerstörte Landschaft betreten muss, deren Zerstörung er mitverschuldet, vielleicht sogar gewollt hat? Und hoffte ich, im Tausch dafür, wie der Schriftsteller bei Tarkovski, fortan die Inspiration zu finden, die zu einem Buch führte, das ich wie vor der Buchhandlung am Tag von Pippas Erkrankung lässig in die Manteltasche schieben konnte?

4

Ich machte eine verstörende Entdeckung. Seit der Nacht, da ich Pippa am Boden um sich schlagend gefunden hatte, war ich nicht mehr fähig zu lesen. Gleichgültig, ob Buch, Zeitung oder Manuskriptseite, es gab keine Wörter oder Sätze mehr, die nicht an Pippas Hirnblutung, ihren möglichen Tod erinnerten. Eine Nachrichtenzeile wie

> *... die überraschende Mitteilung von Präsident Reagan gestern Nacht ...*

genügte, um durch die Worte »überraschend« und »Nacht« wieder das Schlagen neben mir zu hören, das Tasten nach dem Lichtschalter zu spüren und nochmals und wieder ansehen zu müssen, was schmerzhaft eingebrannt war. Nein, ich konnte, ich wollte nicht sehen, was selbst ein von mir geliebtes Gedicht »Die blaue Stunde« von Gottfried Benn mich anzuschauen zwang:

> *... in einer blauen, dunkelblauen Stunde*
> *und wenn sie ging, weiß keiner, ob sie war.*

Nachdem Pippa von der Universitätsklinik zur Rehabilitation nach Rheinfelden verlegt worden war, ich sie nicht mehr jeden Tag besuchen konnte, nahm ich mir vor, an meinem Roman weiterzuarbeiten. Es waren auch noch Aufträge liegen geblieben, die ich zu Ende bringen sollte. Doch bei der Arbeit erging es mir ähnlich wie beim Lesen. Sobald ich mich vor ein Blatt Papier setzte, die Füllfeder zur Hand nahm oder die Schreibmaschine vor mich hinstellte, befand ich mich in einem wortlosen Raum eingeschlossen. Zwang ich die Wörter herbei, entzündete sich ein Schmerz an den Lauten und Bedeutungen, und die willentlich hingequälten Sätze veraschten zu graustaubiger Bedeutungslosigkeit. Einen Recherche-Artikel über alternative Energiegewinnung, ein Auftrag der »Weltwoche«, legte ich zur Seite, teilte dem Redaktor mit, ich würde den Artikel nicht mehr fertigstellen. Kurze Besprechungen von Jugendbüchern, die ich für die »National-Zeitung« verfasst hatte, gab ich auf. Meine Einkünfte versiegten, das Geld des Werkjahres war nahezu aufgebraucht. Doch mehr als das schwindende Geld beschäftigte mich das Fehlen der Wörter. Durch sie konnte ich mich in der mir oft fremden Welt zurechtfinden, diese mir erklären und verständlich machen. Mit ihnen ließen sich Lebenswelten entwerfen, in denen ich, wie im Roman »Der Kongress«, leben konnte. Was, wenn sie für immer ausblieben?

Es dauerte Wochen, in denen ich weder lesen noch schreiben konnte, und dazu trug eine Mitteilung bei, die mich nachts, wenn ich nicht einschlafen konnte, eine noch größere verwüstete Landschaft sehen ließ, als hätte ein zweiter Asteroid neben dem ersten eingeschlagen. Noch während Pippas Aufenthalt in der Universitätsklinik erhielt ich die Mitteilung, mein ehemaliger Lehrmeister, Max Voegeli, habe einen Schlaganfall erlitten. Was die Ärzte jedoch anfänglich nicht erkannt hatten, zeigte sich in späteren Untersuchungen: Der kurze Ausfall mit Lähmung und Sprachstörung war die Folge eines schnell wachsenden, zerfallenden Hirntumors gewesen. Eine Operation sei wegen der Lage nicht möglich, lautete der Bescheid, und Max Voegeli schlurfte in Morgenmantel und Pantoffeln neben mir her zur Cafeteria des Krankenhauses, unrasiert, das Haar zerzaust. Unvermittelt sagte er und dehnte dabei die Wörter in der mir so vertrauten Sprechweise:

– Das kann doch nicht schon alles gewesen sein.

Es lag Schmerz und Enttäuschung in der Stimme. Ich schwieg. Wir beide wussten, dass es alles gewesen war – bis auf den letzten Akt, das Sterben. Während er alle Kontakte abbrach, zu Hause nur noch seine Frau Agnes, seinen Sohn und eine pflegende Bekannte um sich duldete, durfte ich ihn als Einziger noch besuchen. Ich verfolgte während der Winterwochen, wie der von mir bewunderte Meister die Sprache verlor. Er, der mich durch die geistigen Landschaften geführt und mir Handwerk und literarisches Urteil beigebracht hatte, der einen Abend lang Gedichte rezitieren konnte und über einen Schatz an literarischer Kenntnis verfügte, fand die Wörter nicht mehr:

Wie ist das, was du sagst? Bei den Zweitieren ist doch alles … Haferflocken. Nein, das ist nicht das Wort. Wie heißen Haferflocken? Ich brauche ihren Namen. Wir, du, ich … sind … Haferflocken. Und so wie er sich bemühte, Worte zu finden, die sich nicht mehr einstellten, versuchte er eine Zigarette anzuzünden, die er nicht mehr halten konnte. Diese einfachste Handlung, unendlich oft wiederholt, gelang nicht mehr. Als er starb, saß ich an seinem Bett. Schwer ging sein Atem, setzte aus, kam stoßweise zurück, und dann hörte ich in mir die Worte, laut und deutlich, als hätte ich sie ausgesprochen: Lass endlich los!, und ihnen folgte ein Geräusch wie zerreißendes Gewebe.

Ich begann mit Schreiben wiederum da, wo ich als Gymnasiast in Ponte Brolla begonnen hatte: Worte kamen zu mir, ohne dass ich sie gerufen hatte, wollten in Zeilen und Umbrüchen aufgeschrieben werden, und ich notierte sie in ein Notizbuch, tippte sie auf der Schreibmaschine, arbeitete an verschiedenen Fassungen, wie ich es damals auch getan hatte.

Neue Täuschung

Lieber Qual als Tod – / so singt mein töricht Herz / und will nicht sterben – / Hält sich an schäbige Not, / glaubt wieder an den herben / und bitteren Geschmack des Lebens: // Es will mit jedem wehen Schlag / sich nochmals und auf ewig täuschen – / für einen Tag, / in Liebes-räuschen – – // Beschwört die Welt, / trotz Geld und Strich – / Ich liebe dich! / und leide lieber Tod als Qual / – so singt mein töricht Herz – / und hat doch keine Wahl.

Wenn es Momente gab, in denen auch ich, wie Pippa, »nicht mehr wollte«, so spürte ich in den Gedichten doch einen neuen Klang. Er gab mir die Zuversicht, das Dunkel, das vor mir lag, zu bewältigen, es mit Sätzen zu durchdringen und zu erhellen. Was sich zeigen würde, seien es unangenehme Erkenntnisse oder Schwierigkeiten des Alltags, ich müsste sie hinnehmen. Bei meinen Besuchen in der Rehabilitationsklinik begriff ich allmählich, dass Pippa nie mehr vollständig hergestellt sein würde, sie halbseitig gelähmt bliebe, und dies uns vor Probleme stellte, die ich in ihren Auswirkungen noch nicht erfasste. Würde sie gehen, eine Treppe hochsteigen können? Wäre sie fähig, ihre Tätigkeit als Regisseurin auszuüben und ohne fremde Hilfe zu den Proben zu reisen?

Ich sprach mit dem Vermieter unserer Wohnung. Ich sagte ihm, dass Pippa in ein paar Wochen aus der Rehabilitation nach Hause komme, es dann vielleicht notwendig sei, an der Außentreppe zur Wohnung einen Handlauf anzubringen. Herr Ochsner, mit dem ich mich bisher gut verstanden hatte, ein achtzigjähriger Mann, der ein bewegtes Leben als Viehtreiber in Australien hinter sich hatte, schüttelte den Kopf. Er wolle keine kranke Frau im Haus haben, sagte er, das vertrage er nicht. Die Wohnung sei überdies nicht ideal, und die invalide Frau Pippa störe den Tuchhandel. Die Kundschaft wolle keine gelähmte Person sehen. Zwei Wochen später schrieb er mir, er habe sich entschlossen, die Liegenschaft zu verkaufen. Er habe sich schon öfter mit dem Gedanken getragen, das Haus zu veräußern, und nehme nun die Erkrankung meiner Partnerin zum Anlass, dies auch zu tun.

Ein Arzt, der als Student während Pippas Engagement Beleuchter am »Theater an der Winkelwiese« gewesen war und seine Studentenbude im Erdgeschoss behalten hatte, machte aus Freundschaft zu uns ein Kaufangebot. Doch den Zuschlag erhielt ein Unbekannter, und wir mussten Ende August ausziehen, kurz nachdem Pippa aus der Rehabilitation gekommen war. Eine neue Bleibe ließ sich nicht finden. Ohne Einkommen, ohne eine feste Anstellung erhielten wir keinen Mietvertrag. Es blieb uns nichts anderes übrig, als fürs Erste nach Lenzburg, ins Haus meiner Mutter, zu ziehen.

Aus der Trauer wuchsen ein Zorn und eine Wut, wie sie der gedemütigte Luzifer gegenüber Gott verspürt haben musste, bevor ihn dieser aus dem Himmel stürzte. Nicht wegen des Vermieters, der mich zwang, als zweiundvierzigjähriger Mann ins Elternhaus zurückzukehren. Ich konnte und wollte nicht hinnehmen, wie schwer Pippa getroffen war, wie eingeschränkt sie künftig in ihren Bewegungen sein würde. Mich empörte, dass eine junge, hochbegabte Frau wie Pippa durch ein aufgeplatztes Gefäß so übel zugerichtet wurde. Ich verabscheute, dass eine Zellwucherung im Gehirn einen wunderbaren Menschen wie Max Voegeli vernichtete. Was war das für eine Schöpfung, in der solche Grausamkeiten möglich waren. Und doch quälten mich auch Schuldgefühle. Beide Menschen hatten mir geholfen, mich geprägt, und beider Gehirne wurden zerstört. Sie verloren die Sprache, die ihre berufliche Existenz begründet hatte. Auch wenn Pippas anfängliche Aphasie sich zurückgebildet hatte, blieb ein leichtes Stocken zurück, das den Sprachfluss hemmte, ihr das Instrument sprachlicher Gestaltungskraft nahm, das sie als Schauspielerin virtuos beherrscht hatte. Max Voegeli verlor die Sprache ganz, und während ich Zeuge der Zerstörung und dieses allmählichen Verfalls war, bedrängten mich Fragen, ließen sich nicht abweisen und beherrschten mein Denken. Sie erschienen mir zwar unsinnig und waren dennoch nicht einfach zu verneinen. War es möglich, dass ich unbewusst gewollt hatte, was geschehen war? Hatte ich die beiden mich beeinflussenden Menschen aus meinem Leben gedrängt, um zu mir und meinem Schreiben zu gelangen? War ich schuld an Pippas Gelähmtsein? Wollte ich mich von meinem Lehrmeister und Vorbild befreien, um die mich beengenden literarischen Ansprüche loszuwerden?

Hatte der Engel durch seinen Sturz in die Tiefe den Höllentrichter in die Erde geschlagen, so verbannte ich gleich beide Kontrahenten, Gott und Luzifer, dort hinab. Handlungen und Dialoge fielen mir ein, zwangen mich, mein Notizbuch aufzuschlagen, erste Ideen zu einem Theaterstück zu notieren. Ich ließ zwei zerlumpte, ausrangierte Götter sich wieder einmal der Menschenwelt zuwenden, um nach Jahrhunderten nachzusehen, ob sie nicht erneut ihre quälenden Spiele mit ihnen treiben könnten.

Loh: *Vielleicht sollten wir sie uns wieder mal ansehen.*
Lee: *Wozu?*
Loh: *Die müssten doch irgendwo noch sein.*
Lee: *Es lohnt sich nicht. Es geht sowieso wie's geht.*
Egal, ob wir dabei zusehen oder nicht.
Loh: *Aber wir könnten uns mit ihnen amüsieren.*
Das haben wir früher auch getan.
Lee: *Früher! – Da glaubten sie noch!*
Loh: (Sich erinnernd) *Homo sapiens – sapiens sapiens – –* (deklamatorisch): *Das tragische Wesen! So war's doch? Nicht?*
Lee: *Konnten die sich quälen. Rein zum Totlachen!*

Ich ließ die beiden – wie Gott und Luzifer – eine Wette abschließen, ob es ihnen gelinge, nochmals Schicksal zu spielen, obwohl die Menschen nicht mehr an sie glaubten. Sie würden sich in das Leben eines Mädchens einmischen, und ich verknüpfte das Hiobmotiv der Wette mit dem des Amphitryon: Die beiden Götter verwandelten sich in Figuren, die das Mädchen für ihre Eltern, ihren Freund, ihre Bekannten hielt. In diesen Rollen jedoch versuchten sie, das Mädchen durch Leiden zu zerstören. *Es sind die Götter, die mittels des Amphitryon-Effektes eine Wirklichkeit errichten, dessen Opfer das Mädchen wird*, notierte ich am Anfang der Niederschrift.

5

Pippa hatte während ihrer Ausbildung an der Schauspielschule ein paar Proben zu Paul Burkhards musikalischem Lustspiel »Der schwarze Hecht« im Schauspielhaus besucht. Sie beschloss damals, das Stück später selbst einmal zu inszenieren. Da Pippa kurz vor der Erkrankung einen Vertrag für die Silvesterpremière angeboten bekommen hatte, wollte sie sich durch ihre Invalidität nicht abhalten lassen, die Geschichte eines jungen Mädchens, das sich zum Entsetzen der Geburtstagsgäste für den Zirkus begeistert, auf die Bühne zu bringen. Sie kannte als Tochter eines Schauspieler-Ehepaars, umgeben von einer kleinbürgerlichen Verwandtschaft, die Charaktere des Stücks aus eigener Erfahrung, wusste um ihre Eigenheiten und Komik – und diese biographischen Kenntnisse sollten zur Grundlage ihrer Inszenierung werden. Zwar rieten die Ärzte ab. Sie fanden, es sei noch zu früh, die Arbeit zu anstrengend und verantwortungsvoll, doch Pippa bestand darauf: Sie wollte und würde es schaffen.

Bereits während eines weiteren, wochenlangen Rehabilitationsaufenthaltes begann sie mit den Vorbereitungen.

Der Co-Regisseur, der nach der vereinbarten Konzeption die musikalische Einstudierung betreuen würde, besuchte sie zu gemeinsamen Besprechungen, und nach Rückkunft aus der Klinik waren erste Proben im Herbst angesetzt.

Wir wohnten seit einigen Wochen bei meiner Mutter in Lenzburg. Ich schrieb am Stück »Götterspiele« und machte Notizen zu einem Prosastoff mit dem Titel »Zwischentod«. Letztere blieben ein Suchen und Tasten entlang eines noch undeutlichen Materials, während das Stück mehr und mehr Form annahm. Beim Wiederlesen und Korrigieren begann ich erst zu erkennen, wie ich durch die Ausarbeitung der Szenen und Dialoge versuchte, in die verwundeten Bereiche der ersten Tage von Pippas Erkrankung einzudringen. Doch war dieses »Kratergebiet«, wie ich es bildhaft nannte, zu heiß und schmerzhaft, um bereits Sprache werden zu können. Ich blieb in den Randgebieten hängen, weiter verstrickt in Schuldgefühle und die Frage, was mein Teil an der Erkrankung und dem Tod der mir wichtigsten Menschen sein mochte.

Das Verweilen im Elternhaus war zu einer Belastung für meine Mutter geworden. Doch wo sollten Pippa und ich wohnen? Fände sich eine bezahlbare, für Pippa und mich geeignete Bleibe, und wer wäre bereit, für einen Mietvertrag zu bürgen? Pippa bat ihre Schwester um Hilfe. Sie erklärte sich einverstanden, mit Pippa und mir in einen gemeinsamen Haushalt zu ziehen. Wir beschlossen, uns in Baden umzusehen, auch in der Hoffnung, Pippa bliebe so in Kontakt mit ihren Kollegen vom Theater »Claque«, könne vielleicht mit diesen später auch wieder arbeiten. Die Wohnung, die wir schließlich fanden, lag in der Beletage eines Hauses, das hinter dem Bahnhof zwischen einer Durchgangsstraße und der Zufahrt zur Altstadt lag. Die Räume waren groß und hoch, hatten altes Parkett und Stuckdecken. Sowohl Pippa, als auch ihre Schwester und ich hatten eigene Zimmer, den größten Raum mit Balkon nutzten wir als »Salon«, und der einzige Nachteil, neben dem Straßenlärm, war die Treppe zum ersten Stock, die Pippa nur in Begleitung bewältigte. Sie fürchtete zu straucheln, das Gleichgewicht zu verlieren: Auf ihre linke Körperseite konnte sie sich nicht mehr verlassen. Die Schritte fühlten sich an, als träte das teilweise gelähmte Bein auf einen schrägen, rutschigen Boden, und ich musste ihr mit meinem Körper den fehlenden Halt ersetzen.

Während der Zeit meines Studiums hatte ich über die »Chiralität«, die »Zwei-Händigkeit« unserer körperlichen und geistigen Anlage geschrieben. In ihr wurzele unser Denken in Gegensätzen und Widersprüchen. Nun lernte ich, was es bedeutet, einhändig zu sein. Ohne den Gegenpart einer linken Hand ließ sich keine Scheibe Brot abschneiden, war es unmöglich, den Schnürsenkel zu binden, wurde das Schreiben einer Notiz auf rutschiger Unterlage zum unleserlichen Gekritzel. Obwohl Pippa erfinderisch war, die Zähne zum Halten brauchte und sich

Tricks ausdachte, benötigte sie doch Hilfe, zumal auch ein Viertel ihres Sehfelds dunkel war und als Teilblindheit ihre Wahrnehmung einschränkte. Überall zeigten sich Hindernisse. Ich musste lernen, Probleme zu erkennen, die für Pippa unlösbar, für mich jedoch keine Probleme waren. In der Rehabilitation hatte man Pippa gelehrt, die linke Hand »nicht zu vergessen«, sie vielmehr immer wieder mit der rechten in den Schoß zu legen. Ich lieh ihr meine Hand aus, und es kam vor, dass Pippa aus Versehen meine Hand nahm, die sie für ihre gelähmte hielt, und vor sich hinlegte. Im Packen der linken, herabgefallenen Hand mit der rechten, eine Geste, die den Abschluss jeder Handlung markierte, zeigte sich auch eine Veränderung, mit der ich nicht gerechnet hatte. Pippa war jemand anderer geworden. Und ich wusste nicht genau, wer sie jetzt war und sein würde, und ob es nur Zeit brauche, wiederum die zu werden, die sie gewesen war.

– Warum verlässt du sie nicht? Bindest dich an eine Invalide, du könntest doch ein neues Leben beginnen?

Immer wieder, immer neu wurde ich ermahnt, »den Schritt mit einer neuen Partnerin zu wagen«, und mich belastete das Kopfschütteln, das Unverständnis, die Unterstellung von Freundinnen und Freunden, zu feige und mutlos zu sein, zumal ich keine wirkliche Antwort auf ihre Frage hatte. Was immer ich dazu sagen konnte, war, dass ich Pippa nicht im Stich lassen wollte, dass es ein Versprechen gebe, während des Komas durch leichten Handdruck besiegelt. Doch all die Gründe, mit denen sich argumentieren ließ, stimmten nur zum Teil. Ich kannte den Grund nicht, war mir nur gewiss, es nicht tun zu wollen, weder jetzt noch künftig: Ich glaubte, durch ein Weggehen nicht allein Pippa, sondern mich selbst zu verlassen.

Die Proben zum »Schwarzen Hecht« hatten begonnen, Leseproben, erste Stellproben, und ich bemerkte, dass Pippa in ihren Anordnungen unsicher war. Sie machte sich zwar Notizen, doch oftmals waren sie unleserlich, weil ihr beim Schreiben der Notizblock verrutschte. Sie erinnerte sich nicht mehr genau an die Anweisungen, die sie gegeben hatte. Das Kurzzeitgedächtnis ließ sie im Stich, und es kam vor, dass sie die Anlage einer Szene mit einer anderen verwechselte. Ich half ihr, die Proben vorzubereiten. Wir sprachen die Szenen durch, die sie neu anlegen wollte, machten Notizen und Skizzen als Gedächtnisstützen. Dann fuhr ich Pippa zur Probe, half ihr in den Rollstuhl und ins Theater, wartete in einem Restaurant auf das Ende der Probe, las oder schrieb und fuhr dann Pippa nach Hause.

An einem Abend kam eine Freundin, die im Stück mitspielte, aufgeregt ins Restaurant gelaufen. Ich müsse sofort Pippa im Theater abholen, es sei etwas Fürchterliches geschehen. Der Co-Regisseur habe Pippa vor dem versammelten Ensemble heruntergemacht, ihr vorgeworfen, sich künstlerisch nicht mehr entwickelt zu haben, durch ihre

Krankheit unfähig zu sein, das Ensemble zu führen. Ihr Regiekonzept könne er nicht gutheißen. Es sei zu schematisch, ohne psychologische Differenzierung der Rollen. Pippa habe in ihrem Rollstuhl dagesessen, ohne sich wehren zu können, habe die Vorwürfe und Schmähungen über sich ergehen lassen, und es sei klar gewesen, dass der Co-Regisseur die Produktion übernehmen und Pippa in die Rolle einer Assistenz drängen wolle.

Ich brach sofort auf, holte Pippa ab, fuhr mit ihr nach Hause. Sie saß neben mir im Auto, stumm, in sich zusammengesunken, gebrochen. Es war, als hätte sie in ihrer Lebenskraft eine erneute Lähmung erfahren: Sie redete nicht, wollte nicht reden, und erst am nächsten Morgen gestand sie mir, sie habe in der Nacht so viele Tabletten zu schlucken versucht, wie sie gekonnt und gehabt habe.

Die vergangenen zwanzig Jahre hatte ich mich täglich mit der Sprache beschäftigt, bestrebt, ihre Möglichkeiten zu erforschen, eine Ästhetik und einen eigenen Stil zu finden. Doch nun machte ich aus den Wörtern und Sätzen, was die Sprache auch sein kann, als die ich sie jedoch nie gebrauchen wollte: eine Waffe. Ich hatte in der Universitätsklinik nicht um das Leben Pippas gekämpft, damit ein ehrgeiziger Schauspieler es weiter beschädigte. Ich rief den Co-Regisseur an, den ich seit vielen Jahren kannte. Und es war nicht ich, der ins Telefon redete, es redete durch mich. Sätze folgten auf Sätze, von denen ich nicht wusste, was sie aussagten, die aber eines wollten: vernichten, den Gegner zerstören – und wenn ich mich seit der Zeit am Gottlieb Duttweiler-Institut an den »geistigen Verbrechen«, wie ich den sprachlichen Missbrauch nannte, abgearbeitet hatte, jetzt beging ich dieses »Verbrechen« selbst. Der Co-Regisseur trat nach meinem Anruf von allen Funktionen zurück, ließ die Theaterleitung wissen, er habe sich in therapeutische Behandlung begeben und sei nicht mehr fähig und willens, bei der Produktion mitzuarbeiten.

6

»Welt, der du angehörst«, so hieß mein Roman »Der Kongress« ursprünglich. Ich nahm das Manuskript, das seit dem Umzug in einer Kiste weggepackt war, hervor: Der Anruf bei Pippas Regiekollegen, die Scham, die ich nachträglich empfand, hatten mich an das Thema und seine Ausarbeitung erinnert. Wenn mich seit Pippas Erkrankung auch neue und andere Themen beschäftigten, wieso sollte ich dieses Projekt aufgeben? Konnte es nicht wichtig werden, um mich wieder in Kontakt mit Menschen, Verlagen, vielleicht auch Aufträgen zu bringen? Noch fühlte ich mich in dieser Zwischenwelt gefangen, als die ich den Park der Universitätsklinik während Pippas Krankenhausaufenthalt empfunden hatte: Ein Ort, an dem das Krankenzimmer und die Flure zur Erinnerung wurden und die Stadt eine Erwartung weckte, die nicht eintreffen würde.

Ich schickte das fünfhundert Seiten starke Romanmanuskript an verschiedene Verlage. Die Briefe, die ich umgehend bekam, begannen stets mit dem gleichen Wort: »leider«. Die Hoffnung, den Roman publizieren zu können, nahm mit jedem neu eintreffenden Schreiben ab, provozierte mich aber auch zu Verzweiflungstaten. So schrieb ich an Daniel Keel vom Diogenes Verlag, ich sei ein Neffe von Dashiell Hammett, seinem Autor, was ihn wohl verpflichte, einen Blick auch in mein Manuskript zu tun – eine Behauptung, die ich nicht wirklich als Lüge empfand, ich hatte nur einfach das Wort »geistiger« vor Neffe weggelassen.

Zeniă Wienerowa, eine zierliche, ältere Dame, stets elegant gekleidet und gepflegt, blitzgescheit, von einer heiteren Wesensart und von allen Mitarbeitern des Gottlieb Duttweiler-Instituts unterschätzt, blieb nach meinem Abgang vom Institut der einzige freundschaftliche Kontakt, der überdauerte. Wir hatten zu Beginn meiner Tätigkeit in der Bibliothek zusammengearbeitet. Sie war aus der damaligen Tschechoslowakei geflüchtet, sprach perfekt Deutsch und verschwieg allen, dass sie Jüdin war. Ich ließ nie erkennen, dass ich es wusste: Wir verstanden uns auf Anhieb, und es war ihr Humor, der uns verband. Sie sah bei Dingen oder Geschehnissen, die für andere »normal« waren und von daher auch nicht lustig, die komische Seite, und sie besaß Sprachwitz, spielte mit der Doppeldeutigkeit der Worte, die meine Kollegen die Köpfe schütteln ließ und uns zu neuen Einfällen anstachelte.

Zeniă Wienerowa besuchte mich zwei-, dreimal im Jahr in Baden. Sie brachte Buchteln mit, ihren Humor und die neuesten Geschichten aus dem Institut. Ich erzählte ihr von Pippa, von den Problemen, die sich mir durch ihre

Invalidität stellten, von Finanznöten und dem Manuskript, das keinen Verlag fand. Zeniă hörte mein Klagelied an, sagte, sie kenne die ehemalige Privatsekretärin von Lion Feuchtwanger. Sie werde mir die Adresse geben, und ich schickte mein Manuskript an die mir unbekannte Dame mit dem Hinweis, Zeniă Wienerowa habe mir empfohlen, ihr meinen Roman zur Prüfung vorzulegen.

Ein paar Wochen später bekam ich eine Einladung an den Maienburgweg 23 in Zürich. An einem Nachmittag, es war keine Probe des »Schwarze Hechts« angesetzt, fuhr ich die Schlaufen und Kehren des Zürichbergs hoch, beeindruckt von den Villen und Gärten, die sich zur bewaldeten Kuppel hinaufzogen. Am Ende eines schmalen Wegs stellte ich mein Auto ab, trat durch ein Gartentor zur Haustür eines alten, breit ausladenden Gebäudes, und nach dem Klingeln wurde ich in einen Salon geführt, der voller Bücher, Manuskripte und Stapel von Korrespondenz war. Eine Fensterfront zog den Blick hinaus, ließ ihn über die Stadt und das Limmattal gleiten, und der Raum, beschwert von dunklen Holzregalen und Bücherwänden, schwebte im blassen Dunst des Herbstnachmittags hoch über Häusern und Straßen.

Ich wurde von zwei älteren Damen empfangen. Die eine der beiden war klein, agil, mit listig heiteren Augen, die sich unversehens verdunkelten und undurchdringlich wurden; die andere wirkte gesetzter, in sich ruhend, und ihre ebenmäßigen Gesichtszüge wurden durch den

Pagenschnitt ihres Haars noch betont. Ich wurde gebeten, in einem Sessel Platz zu nehmen, die beiden Damen setzten sich auf ein Sofa mir gegenüber, es wurde Tee gereicht, und Ruth Liepman und Ruth Tassoni begannen über ein Manuskript zu sprechen, das »Welt, der du angehörst« hieß und von mir geschrieben war. Ich hörte den beiden Damen zu, wie sie sich über einzelne Szenen, über den Inhalt und die Komposition unterhielten, auch Stellen benannten, die überarbeitet gehörten, zu lang, zu unklar oder allzu verkürzt dargestellt waren. Ich saß da, als ginge mich all das nicht wirklich etwas an, fühlte mich in eine Filmszene versetzt, die, ausgelöst durch den Text, in mein Leben hineingeschnitten worden war. Wohlwollend und amüsiert, die Teetasse in der Hand und die Beine übereinandergeschlagen, saß ich im Fauteuil, sah diesem höflichen, mit leisen Stimmen und gewählter Sprache geführten Gespräch zu, ein wenig neugierig, womit die Szene enden mochte.

Abrupt erhoben sich die beiden Damen, Ruth Liepman trat auf mich zu, und mit einem Lächeln fragte sie, ob ich einverstanden sei, dass sie mein Romanmanuskript vertrete. Ja, gerne, sagte ich ein wenig gönnerhaft, bedankte mich artig für den Tee, und während ich die Schlaufen und Kehren wieder hinunterfuhr, grinste ich in mich hinein. Erstaunlich, in welche Situationen das Schreiben eines Manuskripts einen führen konnte. Nichts von dem, was ich eben erlebt hatte, schien mir für den Roman und mein Schreiben bedeutend zu sein.

Als ich einem Bekannten von meinem Ausflug in die Höhenlage des Zürcher Villenviertels erzählte, sah er mich konsterniert an. Ob ich denn wisse, wo ich gewesen sei?

Klar, sagte ich, bei zwei alten Damen zum Tee am Zürichberg.

Ich war mir keinen Moment lang bewusst gewesen, in den Räumen der im deutschen Sprachraum bedeutendsten Literaturagentur gesessen zu haben und zwei Menschen begegnet zu sein, die sich nicht nur für mein Manuskript einsetzen wollten, sondern ein hohes Ansehen in literarischen und verlegerischen Kreisen genossen.

7

Durch meinen Anruf beim Co-Regisseur, der zu seinem Rücktritt geführt hatte, war Unruhe im Ensemble entstanden. Einige Schauspieler traten von ihren Rollen zurück, andere waren befremdet, dass ich die Regieassistenz übernehmen sollte – »ausgerechnet jene Person, die den Co-Regisseur abgeschossen hat«, wie es in einem Brief an die Theaterleitung hieß. Doch hätte es eine andere Lösung gegeben? Pippa brauchte jemanden, der an die Rampe ging, die Anweisungen durchsetzte, erklärte, überzeugte, und Pippa konnte sich darauf verlassen, dass ich keine eigenen Ambitionen hatte oder ihr Regiekonzept ändern wollte. Wer jedoch würde vom Ensemble noch zu uns halten? Pippa und ich beriefen eine Krisensitzung in Baden ein, saßen im Salon, klärten ab, ob wir auf den Trainer der Akrobaten im Zirkusteil zählen konnten, prüften, wer sich für die musikalische Leitung eignete, gingen die Besetzungsliste durch. Pippa schrieb an die Theaterleitung: »Wir müssen arbeiten, und wir müssen die Querelen und Verleumdungen vergessen, um arbeiten zu können.«

Doch eine der Hauptpersonen des Stücks war abgesprungen. Wir brauchten einen Schauspieler, der sofort die Rolle übernehmen konnte und an den Spieldaten frei sein würde. Gerüchte machten die Runde, man wolle den »Hecht« platzen lassen. »Er war meine Idee«, schrieb Pippa. »Ich hänge an dem Stück. Der ›Hecht‹ muss auf die Bühne.« Ich rief verschiedene Schauspieler an, dann auch Leute, die vielleicht jemanden kannten, der für die Rolle frei und geeignet war. In einer Woche musste die Besetzung gefunden sein, und ich kämpfte weniger für die Produktion als für Pippa. Ich spürte, wie wichtig es für sie sein würde – für ihr Selbstwertgefühl, für das Bewältigen ihrer Behinderung –, dass wir uns behaupteten, und Pippa die Inszenierung machen konnte. Dank der Hilfe von Freunden fanden wir einen uns unbekannten Schauspieler, der zusagte und die Rolle übernehmen wollte. Ich war fürs Erste erleichtert, auch wenn Pippa und mir nach einem Vorsprechen klar war, dass der Charaktertyp nicht ganz der Rolle entsprach.

Die Proben wurden wieder aufgenommen, und ich packte den Rollstuhl ins Auto, half Pippa auf den Beifahrersitz. Nun müsste ich mich als Regieassistent bewähren. Die halbe Stunde Fahrt zum Theater war die Zeit, die verblieb, mich einigermaßen zu fassen. Ich war nervös, lampenfiebrig, mit hunderterlei Gedanken und Befürchtungen beschäftigt. Die anstehende Probe würde entscheiden, ob ich in meiner Funktion von den Schauspielern angenommen würde. Nicht nur ich, sondern das ganze Ensemble wusste, dass ich bisher nichts mit Theater zu tun gehabt hatte, und man durfte mit Recht fragen, was denn jemand Unerfahrener, der von schauspielerischen Problemen keine Ahnung hatte, zur Inszenierung beitragen konnte.

Bei Ankunft vor dem Theater schützten mich die notwendigen Handgriffe: Rollstuhl aus dem Kofferraum heben, ihn aufstellen, die Fußrasten einhängen, Pippa hineinsetzen. Wir hatten vereinbart, dass wir ohne Ansprache einfach mit der Arbeit beginnen würden. Ich spürte Zurückhaltung, Skepsis, eine »abwartende Neutralität«, die rasch bereit sein würde, in Ablehnung umzuschlagen. Pippa gab mir direkte Anweisungen, rief mich zu sich, sagte mir, worauf ich achten, wem ich was sagen, wo ich erklären solle. Ich ging vor und zurück, von Pippa zur Bühne und wieder zu ihr hin, war die Ergänzung ihrer gelähmten Seite. »Pippa sagt«, »Pippa meint«, ich hielt mich mit eigenen Worten zurück, merkte aber gleichzeitig, wie mir eine Erfahrung aus der Zeit am Gottlieb Duttweiler-Institut zugutekam. Ich hatte damals den Umgang mit Mitarbeitern gelernt, und ich konnte das Wissen, worauf zu achten war, um ein gegenseitiges Vertrauen aufzubauen, sehr gut gebrauchen. Geliebt würde ich von den Schauspielern nicht werden, und die Skepsis bliebe, doch ich wurde nicht abgelehnt. »Endlich ist gearbeitet und nicht nur geredet worden«, war der Kommentar eines Schauspielers am Ende der Probe.

Pippa saß auf der Rückfahrt erschöpft neben mir. Mit ihrem durch die Lähmung etwas schrägen Blick sah sie zu mir hin. – Der Löwe ist zwar noch nicht gebändigt, sagte sie, aber er hat uns auch nicht gefressen.

Täglich fuhr ich mit Pippa zur Probe, lief zwischen Rollstuhl und Bühne hin und her, spielte den »Dompteur«, wie Pippa es nannte. Die Anstrengung stand ich nur durch, indem ich vor der Abfahrt eine Flasche Bier leerte. Je näher die Premiere rückte, zu den szenischen Proben noch die Schmink-, Kostüm- und die Lichtproben kamen, desto mehr stieg die Spannung. Befürchtungen und Ängste kamen auf: Dies ginge überhaupt nicht, der fühlte sich unwohl und jenes war unmöglich, und jeder entdeckte bei sich, dass er schon immer gewusst hatte, dass ...

Pippa hielt diesem Druck nicht stand. Sie, die einstmals für ihre schlagfertigen Antworten gefürchtet war, die laut werden konnte und mit knallenden Absätzen ihrer Staccato-Schritte an den Bühnenrand lief und mit ein paar Sätzen für Ruhe sorgte, Pippa saß im Rollstuhl, fand die Antworten nicht schnell genug, war überfordert und irritiert, und ihr Blick zuckte von der blinden zur gesunden Seite, auf der sie zu viele Dinge sah, die sie anpacken und lösen sollte. Pippa war nicht mehr die Pippa rascher, klarer Entscheidungen, die sie diskussionslos durchsetzten konnte. Ich würde einen Teil der Regie übernehmen müssen, wäre genötigt, ohne Rücksprache mit ihr zu entscheiden, zu korrigieren, anzuordnen. Ich entdeckte dabei eine andere Fähigkeit, die ich mir im Gottlieb Duttweiler-Institut erworben hatte. Meine Aufgabe damals war es gewesen, internationale Tagungen zu entwerfen, den thematischen Ablauf zu konzipieren und die zu den jeweiligen Standpunkten richtigen Referenten zu finden: Es war, als skizzierte ich ein Theaterstück, und auch ein Kongress brauchte eine Dramaturgie. Ich setzte in den Tagungsablauf einzelne Höhepunkte, Krisen und Scheinlösungen, Auswege und erhoffte Ergebnisse. Durch das tägliche Entwerfen von Dramaturgien achtete ich auch außerhalb des Instituts auf Vorgänge und Abläufe, versuchte den dramatischen Verlauf bei Erzählungen von Bekannten oder bei der Lektüre eines Buches zu erspüren. Hatte ich vor Jahren bei Frau von Ostfelden am »Theater an der Winkelwiese« gelernt, auf die averbalen Ausdrucksformen zu achten und Handlungen wie einen Text zu lesen, so suchte ich nun zu ergründen, wie Handlungen gebaut waren. Was machte ihre Spannung aus, welcher inneren Logik folgten sie. Ich begann, diese dramaturgische Sicht auszuweiten: Auch das Geschehen in der Natur ließ sich dramaturgisch betrachten – und diese Art, die Dinge unter dem Aspekt des Dramatischen zu sehen, kam mir jetzt in den Schlussproben zugute. Sie half, die Szenen im Gesamtzusammenhang zu überprüfen, Streichungen und Erweiterungen vorzunehmen, während Pippa im Hintergrund blieb, sich Notizen zu Einzelheiten des Spiels machte und sich um den schauspielerischen Feinschliff kümmerte.

Am Tag der Première saß ich mit Pippa in der hintersten Reihe. »Du mimst das ganze Stück hindurch mit und störst das Publikum. Das will ja nicht deine Faxen, sondern die Schauspieler sehen, sagte sie. Doch ich konnte nicht anders, als hülfe mein inneres Mitgehen den Spielern auf der Bühne, triebe sie zu Höchstleistung an, steigerte ihre Präsenz.

Der Applaus war überwältigend, Bravorufe ertönten, einzelne Zuschauer erhoben sich von ihren Sitzen, und die Rufe wurden lauter, als das Ensemble nach den Einzelauftritten geschlossen auf der Bühne stand, Blumen entgegennahm, während nun auch »die Schwarzen«, das künstlerische Leitungsteam, auf die Bühne gebeten wurde. Ich ging mit Pippa durch den Mittelgang des Saals nach vorne, sie auf meinen Arm gestützt, das linke Bein schlenkernd nach außen hin, ein langsamer, langer Gang. Wir hatten das Unmögliche geschafft, und uns beiden liefen die Tränen übers Gesicht.

8

»Ich schreibe Ihnen wegen des Romans ›Der Kongress‹, wandte Ruth Liepman sich an einen Verleger. »Ich meine, dass das Manuskript unbedingt veröffentlicht werden sollte. Ich halte den ›Der Kongress‹« für wichtig. Der Autor hat schließlich den Gebrauch und Missbrauch der Macht aus engster persönlicher Beziehung miterlebt, und über dieses beinahe politische Phänomen kann man ja überhaupt nicht genug schreiben.«

Obwohl ich den Roman überarbeitet, gekürzt, die Handlung gestrafft hatte, gelang es Ruth Liepman nicht, auch diese neue Fassung an einen Verlag zu vermitteln. Die abschlägigen Antworten stachelten meine Arbeitswut an. Ich grub den Entwurf eines Romans aus, den ich noch zur Zeit des Gottlieb Duttweiler-Instituts begonnen hatte und der als dritter Teil einer Trilogie gedacht war, zu der auch »Der Kongress« gehörte. Fieberhaft arbeitete ich an »Osterholz«, wie der Titel und die Hauptfigur hießen. Der Roman war als ein Triptychon angelegt: Drei Erzählungen bildeten die Innenbilder, und eine Rahmenerzählung war als die beiden Außenbilder konzipiert. Obschon die

Entwürfe aus einer Zeit vor den »Einschlägen« stammten, war ich nicht bereit, das Projekt aufzugeben. Ich brauchte Geld, und ich war überzeugt, bliebe »Der Kongress« liegen und fände Ruth Liepman für das Manuskript keinen Verlag, mit »Osterholz« gelänge es sicher.

Doch konnte es sein, dass mir nicht die alten Manuskripte, sondern das Theater einen Raum des Wirkens öffnete und einen Ausgleich zum erneuten und erzwungenen Zurückgezogensein schuf?

Seit ich am Ende der Seminarzeit meine Schauspielerträume begraben und mich entschlossen hatte, Schriftsteller zu werden, verlor ich das Interesse am Theater. Es war zudem bei Pippa bestens aufgehoben, die aus einer Theaterfamilie stammte und selbst Schauspielerin war. Ich nahm zwar Anteil an ihrer Bühnenarbeit, wir sprachen über Rollen und Stücke, doch war die Bühne stets ihr Tätigkeitsgebiet, mit dem ich nur durch sie in Berührung blieb. Nach Pippas Erkrankung jedoch rückte das Theater wieder näher an mich heran, als fiele ein Teil, den ich an Pippa übertragen hatte, an mich zurück. Ich fragte mich, ob mein alter Berufswunsch in anderer, mir bisher unbekannter Form nach Verwirklichung verlangte. Die Inszenierung des »Schwarze Hechts« hatte mich in die Rolle eines Regieassistenten gebracht, der am Ende auch Regie- und Dramaturgieaufgaben übernehmen musste. Und nun, wenige Wochen danach, sollte mein Stück »Götterspiele« im »Theater am Spittel« zur Uraufführung gelangen und ich als dessen Autor vor das Publikum treten. Ich war aufgeregt, schwankte zwischen Glücksgefühlen und Ängsten. Ich ginge ausgerechnet mit diesem Werk an die Öffentlichkeit, das für mich heikle Fragen von Schuld und Wut thematisierte, die sich mir mit Pippas Invalidität und Max Voegelis Tod aufgedrängt hatten. Würde ich missverstanden, empfände man das Stück als blasphemisch? Und warum fand das Theaterstück eine Bühne, die Romane aber keinen Verlag?

Für das Dreipersonenstück hatte der Theaterleiter eine mir unbekannte Regisseurin engagiert. Sie legte das Stück konzeptionell in einer Richtung an, die bald den Widerstand der Schauspieler provozierte und auch mich nicht überzeugte. Schließlich baten mich die Schauspieler, die Regie zu übernehmen, andernfalls würden sie von ihren Verträgen zurücktreten. Die Zeit bis zur angekündigten Première war knapp, es fehlten noch das Bühnenbild, die Kostüme, das Licht. Nun war es Pippa, die assistierte. Sie half und beriet mich in den Bereichen, die mir nicht vertraut waren, schlug schnell zu realisierende und billige Lösungen bei Licht, Bühne, Kostümen vor. So schleppte ich an einem Wochenende eine alte Lastwagenplane an, die zum Hauptelement des Bühnenbilds wurde. Bei der Schauspielerarbeit und inszenatorisch half Peter Freiburghaus, der einen der Götter spielte. So entstand aus der Not und mit Hilfe der Schauspieler eine einfache, einzig von der Intensität des Spiels getragene Inszenierung.

Nach einer Vorstellung stand Eva Schneid im Foyer. Ich hatte sie durch Pippa kennengelernt, eine Schauspielerin, die an der »Claque« in Baden engagiert war. Sie würden für die neue Saison einen Dramaturgen suchen, sagte sie. Ob ich mir vorstellen könne, die Aufgabe zu übernehmen.

Ich sagte zu. Die Bezahlung war zwar mehr als bescheiden, doch ich erhielte ein regelmäßiges Einkommen, konnte am Wohnort arbeiten, und Pippa würde mir beim Suchen und Vorschlagen neuer Stücke helfen. Sie fände eine Beschäftigung, bliebe in Kontakt mit dem Theater, wenn auch nur lesend und mich beratend. Ich besprach mich mit Pippa, »mach es«, sagte sie, doch sie selbst wollte sich nicht mehr beteiligen. Sie habe genügend Stücke gelesen, und es sei Zeit, sich von ihrem Beruf, ja von ihrem vorherigen Leben zu lösen: Ich bewunderte, wie sie ihren Weg zur unverbitterten Hinnahme ihrer Invalidität ging. Er führte durch ein Aufgeben von Hoffnungen, durch Widerstände gegenüber Freunden und Bekannten, die sie beschwatzten, sie müsse wieder die werden, die sie gewesen war. Doch gerade die wollte sie nicht mehr sein.

– Ich habe gehabt, was ich wollte – die vielen Rollen und ein paar mir wichtige Inszenierungen. Jetzt brauche ich dies alles nicht mehr, sagte sie.

In der Kraft, sich ins Unabänderliche zu schicken, war Pippa sich treu geblieben: Sie beugte sich unter das Joch, um es zu tragen – »denn allein so kann ich ziehen und in diesem neuen Leben vorankommen«.

9

Die »Claque« war eines der ersten Theater der Schweiz mit kollektiver, selbstverwalteter Struktur. Sie hatte sich einen Ruf über die Landesgrenzen hinaus durch gesellschaftskritische Eigenproduktionen erworben, und das Ensemble versuchte dabei stets, zu den Themen ihrer Stücke auch neue theatrale Formen zu finden.

Doch die Zeiten hatten sich geändert. Einzelne Schauspieler verließen das Ensemble, und als auch das letzte Mitglied der Gründer den Vertrag auflöste, kam die »alte Claque« zu ihrem Ende. Eva Schneid und ich standen vor der Aufgabe, die »Claque« künstlerisch neu auszurichten, Regisseure zu finden, mit denen eine kontinuierliche Arbeit möglich war. Wir wagten den Bruch, die »Neue Claque« würde poetisch-literarische Stücke auf die Bühne bringen – ein thematischer Wechsel, der uns heftige Kritik von einem Teil des Stammpublikums einbrachte.

Eva Schneid war kantig, eigenwillig, eruptiv, sie besaß Humor und war in künstlerischen Belangen von einer verlässlichen Sensibilität. Ihr Urteil war undiplomatisch und zutreffend, sie hatte einen hohen Anspruch an sich selbst und besaß, was in der freien Szene nicht allzu häufig anzutreffen war, Erfahrungen an großen Häusern, sowohl in Deutschland wie der Schweiz. Sie hatte mit bekannten Regisseuren gearbeitet, und ihr Rückzug auf eine kleine Bühne wie die »Claque« entsprang dem Wunsch nach Mitsprache und der Möglichkeit, eigene Projekte zu realisieren. Unterstützt von Christine Stöckli, Enkelin des Dichters Gerhard Meier, und Dominik Dähler spielten wir hauchzarte Stücke wie Garcia Lorcas »In seinem Garten liebt Don Perlimplin Belisa« oder Kinoshitas »Abendkranich«, ein märchenhaftes Stück moderner japanischer Dramatik.

Ich lernte an der »Claque« zwei Techniken kennen, die mein literarisches Schreiben beeinflussten. Im Theaterbüro stand auf einem der Schreibtische ein grauer Apparat mit Bildschirm. Dies sei ein Computer, erklärte mir der Administrator des Theaters, ein sensibler, schlanker Bursche, der im Gegensatz zu seinem Wesen an einen Offizier in Zivil erinnerte. Mit dem Gerät müsste ich künftig arbeiten. Er schwärmte, was mit den Programmen alles machbar sei, und ich sah verwirrt auf die grünen Buchstaben, Wörter, Zeilen, die auf dem Bildschirm aufleuchteten. Wenn man diese Taste drücke, sagte der Administrator, dann geschehe das, doch mit jener Taste gäbe es allerdings – und mit der Kombination wäre ich ganz einfach bei … Mein Kollege spielte virtuos auf der Tastatur eine Art Bach-Sonate verschiedener Programmvariationen, und ich stellte mir Listen mit Arbeitsschritten zusammen. Sie hatten eine kurze Verfallsdauer, denn der Kollege fand alle paar Tage einen noch kürzeren Weg, eine bessere Tastenkombination – und ich saß vor diesem grässlich grauen Bildschirm, auf dem die grünen Dateien »Extensionen« brauchten, um gnädigst aufzuleuchten. Doch meine notierten Befehle wurden schlicht verweigert.

Beim Entwerfen meiner eigenen Texte schrieb ich mit einer Füllfeder, die mir Pippa geschenkt hatte. Als Legastheniker war es die einfachste und unmittelbarste Art des Schreibens, und erst wenn ich einen Entwurf abgeschlossen hatte, tippte ich den Text in die Schreibmaschine. Durch meine Behinderung war ich stets mit Tipp-Ex und Klebestreifen beschäftigt gewesen und staunte nun, wie einfach die Korrekturen bei diesen neuen Geräten waren, die Computer hießen. Nicht nur ließen sich Tippfehler leicht beheben, ich konnte Wörter und ganze Absätze umstellen. Durch diese Möglichkeit wurde mir erst bewusst, wie oft ich nicht allein Buchstaben verdrehte, sondern ganze Textblöcke. Bei Überarbeitungen stellte ich deren Abfolge um und machte dabei die Erfahrung, wie ein übersichtlicheres, weniger lineares Vorgehen durch den Computer möglich wurde, und das kam meiner legasthenischen Anlage sehr entgegen.

Eine ganz andere Technik lernte ich durch den Regisseur Dieter Bitterli kennen. Wir waren uns während des »Theaterspektakels« in Zürich begegnet. Seine geistige Präsenz im Gespräch, der gegenseitige Respekt im Austausch von Erfahrungen und die Genauigkeit seiner Sprache ließen mich auf eine Gelegenheit hoffen, mit ihm arbeiten zu können. Sie ergab sich bei Kinoshitas Stück »Abendkranich«. Dieter Bitterli schlug eine Bewegungsübung vor, die dazu dienen sollte, die Schauspieler durch das gemeinsame Erlernen dieser besonderen Form auf die Probenarbeit einzustimmen. Tai Chi sei eine alte chinesische Übung des Ausgleichs und der Konzentration, und er sei mit einem Lehrer bekannt, der uns wöchentlich zu unterrichten bereit sei. Dessen Honorar sollten die Schauspieler zu gleichen Teilen übernehmen. Um die Kosten für den Einzelnen ein wenig geringer zu halten, wurde ich gebeten, dann gedrängt, an den Übungen teilzunehmen. Doch wozu sollte ich Tai Chi erlernen? Ich hatte genügend Arbeit im Büro, vor allem aber keine Lust, bei etwas vorbereitend mitzumachen, an dessen Fortsetzung ich nicht beteiligt war. An einem Abend gab ich dem Drängen nach, stieg hinab in den Probenkeller, in Erwartung einer Art Turnübung. Doch während ich die Bewegungsformen nachzuahmen versuchte, begriff ich, dass der zu erlernende Ablauf die Grundprinzipien einer Philosophie erfahrbar machte. Früh hatte ich mich mit dem Buch der Wandlung »I Ging« und Laotses »Tao-Te-King« beschäftigt. Nun fand ich die Grundprinzipien dieser Werke in einem wortlosen Vollzug von Bewegungen ausgedrückt, die ursprünglich aus der Kunst der Verteidigung stammten. Der Verzicht auf Erklärungen, Bezeichnungen, ja auf

Worte überhaupt, kam meinem Bedürfnis nach schweigendem Tun im redseligen Theaterbetrieb entgegen, und die Stille wurde von Sunny Koh, unserem Lehrer, konsequent praktiziert. Er war ein schmaler, feingliedriger Mann. Er strahlte eine konzentrierte Aufmerksamkeit aus. Nichts wurde von ihm erläutert, keine der einzelnen Bewegungsformen benannt. Er korrigierte oder zeigte eine nächste Figur, indem er sich vor mich hinstellte, diese ein- oder zweimal ausführte, sich dann abwandte, ohne mich weiter zu beachten. Es lag an mir, aus dem beobachteten Bewegungsablauf, durch die Nachahmung, meine Schlüsse zu ziehen. Als ich ihn nach der Stunde fragte, weshalb er nichts erkläre, schüttelte er den Kopf: Wörter weckten Vorstellungen, und um Vorstellungen gehe es nicht. Jeder würde von einer Form, die er ihm zeige, nur das sehen, was dem Stand seiner momentanen Kenntnis entspreche. Mehr sei nur hinderlich.

Ich kannte vom Schreiben, was Sunny Koh für das Üben des Tai Chi empfahl: Es sei besser, täglich kurz als wöchentlich einmal lang zu praktizieren. So hielt ich es seit Langem mit der Arbeit an meinen Texten. Auch in angespannten Zeiten war ich darauf bedacht, jeden Tag in Kontakt mit meinem Material zu sein, sei es auch nur eine halbe Stunde. Was durch das Tai Chi jedoch neu hinzukam und mein Schreiben veränderte, war die Erfahrung, dass die Vorstellung, »wie die Bewegungsform sein sollte«, den Moment, in dem sie vollzogen wird, behindert. Ähnlich war es beim Schreiben: Besaß ich eine klare Vorstellung, »wie eine Stelle sein sollte«, so floss ein Teil dieser Vorstellung in den sprachlichen Fortgang ein, beeinflusste die Form und behinderte, was aus dem Moment heraus entstehen wollte, das nicht schon gewusst war und dem Vorgestellten entsprechen musste. Zudem nährt sich das »Wie-etwas-sein-sollte« stets aus Konventionen und bereits Bekanntem, während doch im Prozess des Schreibens das entstehen will, was noch nicht in die Sprache gedrungen und vorgeformt ist.

So trainierte ich mir ab, darüber nachzugrübeln, wie ein Text sich entwickeln sollte. Was kümmerte mich, wohin er mich führte, da er es doch während des Schreibens tun würde. Dass es danach eine Phase des Überprüfens, Überarbeitens und Entwickelns brauchte, war eine Selbstverständlichkeit. Auch beim Tai Chi arbeitete man an der Bewegungsform stets weiter, »weil man Tai Chi nie kann«, wie Sunny Koh uns gleich zu Beginn seines Unterrichts warnte.

10

Ich hatte ein zweites Theaterstück, »Leben«, zu schreiben begonnen, das mit dem Triumph der Hauptperson enden sollte:

Atouche (Thomas Moers) *kommt die Treppe hinunter ins Wohnzimmer, eine Schachtel Zigaretten in der Hand. Er setzt sich, versucht, die Schachtel zu öffnen und eine Zigarette herauszunehmen: Nach den vielen erfolglosen Versuchen gelingt es überraschend gut. Moment der Befriedigung. Er beugt sich bis zu den Knien hinab, auf denen er die Handgelenke wegen des Tremors der Hände aufgestützt hat, um die Zigarette in den Mund zu stecken. Atouche richtet sich auf, zieht das Feuerzeug hervor, umklammert es mit beiden Händen, konzentriert sich, beschwört durch leises Wiederholen (William Golding: Der Felsen des zweiten Todes): »Ich bin mit Verstand begabt. Besitze Bildung und Intelligenz. Ich werde leben.« Da! Die Zigarette brennt, er nimmt einen tiefen Zug.*

Die Wochen des Sterbens meines Lehrmeisters ließen eine sehr viel tiefere Verunsicherung zurück, als ich ursprünglich vermutet hatte. Während seiner Krankheit war mehr und mehr sichtbar geworden, was durch seine Kunst des Geschichtenerzählens verschleiert gewesen war: Hinter den feingesponnenen Geweben tauchte ein Gebäude sorgfältig ausbalancierter Heimlichkeiten auf. In ihm gab es Kammern verleugneter Beziehungen, Gemächer gleichzeitiger Liebschaften, verspiegelte Kabinette zweifelhafter Tätigkeiten. Ich konnte während meiner Krankenbesuche zusehen, wie mehr und mehr ein mir unbekannter Mensch sich zeigte. Ehemalige Freunde und Bekannte meines Mentors hatten Max Voegeli ganz anders gekannt als ich, der ihn bewunderte und schätzte. Ich hörte von Enttäuschungen, Hass, Hölle. Er habe sie missbraucht, manipuliert, zu Dingen verführt, die sie nie machen wollten – und ich wurde unsicher, wusste nicht mehr, wer Max Voegeli gewesen war, dem ich mich anvertraut hatte. War auch ich nur eine Figur in einem mir unbekannten Spiel gewesen? Wozu hatte er mich benutzt, wozu gemacht? War nicht auch ich in ein Korsett aus Forderungen, Werten, moralischen Urteilen gezwängt worden? War ich mehr gewesen als ein Experiment, wie weit er einen jungen Menschen, wie ich einer gewesen war, nach seinen Maßstäben formen konnte?

Das Theaterstück »Leben« sollte ein Kammerspiel werden, in dessen Mittelpunkt ein Schriftsteller mit finaler Diagnose steht. Dieser versucht, in seinem geistigen und körperlichen Verfall nochmals eine Zigarette anzuzünden.

Wenn ihm gelänge, was er tausende Male ganz selbstverständlich getan hatte, würde er gesund werden und leben. An diese Grunddramaturgie aus Ritualen, die Hände zu beruhigen, um sich eine Zigarette anzuzünden, dem Scheitern und letztendlichen Gelingen fügte ich die Dialoge der anderen Figuren ein, seiner Frau, seiner Tochter und eines Freundes. Sie alle entdeckten im Sterbenden jemanden, den sie bis dahin nicht gekannt hatten. Angesichts seines Todes begann auch ihr Selbstverständnis fragwürdig zu werden. Jede Figur des Stücks verstand auf ihre Weise nicht mehr, wer sie ohne die Bedeutung, die der Sterbende ihr gegeben hatte, wirklich war.

Sommer und Theaterferien, ich hatte Zeit, an dem Stück zu arbeiten. Ich liebte die Wochen, in denen ich keine beruflichen Verpflichtungen hatte. Die Leute waren im Urlaub, und die tägliche Hektik verlor an Schwung. Nein, ich hatte keine Lust zu verreisen, würde nicht auch dahin gehen, wo alle anderen schon hinfuhren. Ich wollte versuchen, schreibend ins Gebiet des »Nebenkraters«, wie ich den Tod Max Voegelis für mich bezeichnete, einzudringen. Und doch packte ich zwei Koffer, lud diese mit dem Rollstuhl ins Auto und fuhr los, südwärts. Pippa war an einem Morgen schluchzend am Bettrand gesessen. Dass sie das Theater, ihren Beruf verloren habe, damit könne sie leben, sagte sie, doch der Gedanke, nie mehr das Meer zu sehen, mache sie elend. Wir fuhren kurz entschlossen nach Italien, dahin, wo ich als Kind mit meinen Eltern die Ferien verbracht hatte, an die Riviera. Es war die erste Reise seit Pippas Invalidität, und beide kannten wir die Schwierigkeiten nicht, auf die wir stoßen würden. Sie zeigten sich ein erstes Mal, als Pippa am Gotthardpass zur Toilette gehen musste. In der öffentlichen Anlage gab es keine Sitzschüssel, sondern lediglich ein Becken mit zwei Stehsockeln. Sich hinzuhocken war genau das, was Pippa wegen ihrer Lähmung nicht konnte. Da ich keine Ahnung von Hilfsgriffen hatte, versuchte ich, sie wie ein Kleinkind zu halten. Wir fielen kopfüber in das Toilettenbecken, aus dem wir kaum noch hochkamen. Pippa bemerkte trocken, durch ihre Erkrankung seien wir tatsächlich in der Scheiße gelandet.

Schwierig wurde es, ein Hotel zu finden. Das eine hatte zu viele Eingangsstufen, bei einem anderen war die Tür für den Rollstuhl zu schmal, und das dritte war plötzlich »ompleto«. Zu Hause hatte ich nachgeschlagen, was »gelähmt« auf Italienisch heißt, und fand, »paralizzata« sei leicht zu merken. Die schon etwas ältere Dame an der Rezeption fragte, weshalb ich mich nach Treppen und Stufen erkundigte, und ich wollte antworten, meine Frau sei gelähmt, sie sei »paralizzata«, wie ich es mir gemerkt hatte – sagte jedoch: »mia mogliaa e perforata«. Das Hotel war daraufhin »leider« ausgebucht.

Wir kamen in keiner Pension mit schattenspendenden Pinien im Garten unter, wie damals mit den Eltern, sondern in einem vom Strand zurückversetzten Block. Es gab einen Aufzug, der Flur war breit, und das Zimmer hatte einen Balkon zu einer Seitenstraße hin. Dort richtete ich einen Tisch zum Arbeiten ein. Ich schrieb an den Szenen meines Theaterstücks, während Pippa ruhte. Nach jedem Gang zum Strand war sie erschöpft von der Anstrengung, ans Wasser zu gelangen. Im Sand konnte Pippa weder mit dem Rollstuhl fahren, noch war es ihr bei dem nachgiebigen Untergrund möglich, zu gehen. Junge Männer trugen sie im Rollstuhl zu den Liegestühlen, ja nahmen sie einmal sogar mit ins Wasser, so dass sie das Meer auch spüren konnte.

Ich kam mit einer ersten Skizze des Theaterstücks »Leben« aus Italien zurück, setzte mich an die Überarbeitung und schickte die abgeschlossene Fassung an Ruth Liepman. Durch ihre Vermittlung nahm der »Gustav Kiepenheuer Bühnenvertrieb in Berlin das Stück in sein Programm auf. Ich wurde zu den »Mülheimer Theatertagen« eingeladen, und Dieter Bitterli beabsichtigte, das Stück zu inszenieren. Ich war erstaunt, doch auch irritiert. Weshalb gelang mit den dramatischen Arbeiten, was mit den Prosawerken nicht zu schaffen war, nämlich publiziert zu werden? War ich Dramatiker, ein Bühnenautor, oder lag es vielmehr an den Stoffen, die durch Krankheit und Tod eine existenziellere Dimension erhalten hatten?

Dieter Bitterli und ich sprachen bei Intendanten und Dramaturgen vor, der Verlag schickte das Rollenbuch an verschiedene Bühnen. Doch einen unbekannten Autor mit einem zeitgenössischen, eher dunklen Stück wagte niemand herauszubringen. Es sei ein zu großes Risiko. Zudem habe man sich gefragt, ob die Bewegungsrituale der Hauptfigur Atouche, durch die er seine Hände, die stark zitterten, zu beruhigen suchte, die Spannung halten würden? Dieter Bitterli und ich waren davon überzeugt. Man schaue doch auch gespannt zu, wenn eine Ameise versuche, aus dem Trichter eines Ameisenbären zu fliehen. Doch die Intendanten und Dramaturgen wiegten den Kopf, sagten, es sei ein interessantes Stück, doch die nächste Spielzeit sei bereits fertig geplant.

11

Mich über die Absagen zu grämen, blieb keine Zeit: Ich wurde in einem Drama mit Behörden und Gerichten gebraucht.

Pippa bekam nach langwierigen Abklärungen eine halbe Rente von der Invalidenversicherung zugesprochen. Die andere Hälfte des Geldes könne sie dazuverdienen, hieß es im Schreiben zum Beschluss, ihr Lohn sei so gering gewesen, da reiche die gesunde Hand, um die Differenz zu erwerben, zum Beispiel als Telefonistin. Ihre Invalidität sei zudem durch den unseriösen Lebenswandel einer Schauspielerin auch selbstverschuldet. Und der Betrag, der unter dem Dokument als künftige Rente stand, deckte nicht einmal ihren stark reduzierten Anteil an der Wohnungsmiete.

Pippa hatte zwanzig Jahre am Theater gearbeitet. Die Lehre als Telefonistin hatte sie machen müssen, um zur Aufnahmeprüfung an der Schauspielschule zugelassen zu werden. Die Unterstellung, sie habe ihre Hirnblutung durch ihr Leben am Theater auch selber verschuldet, verletzte Pippas Selbstachtung und machte mich wütend. Wer waren die Leute, die sich solche Urteile anmaßten? Was gab ihnen das Recht, einem hart getroffenen Menschen auch noch seine Integrität abzuerkennen? Wozu brauchte es eine Versicherung, wenn sie nicht willens war, dem Erkrankten einen Betrag zukommen zu lassen, der die Grundbedürfnisse deckte?

Ich würde kämpfen, mich für Pippa wehren, mit allen Mitteln! Nur hatte ich keine, außer meiner Sprache, und wenn ich mich auch hinsetzte und in einem Stil, den ich für juristisch hielt, »Memoranden« schrieb, so ließ sich damit kein Prozess gewinnen. Wir brauchten eine Rechtsvertretung, und da wir uns keinen Anwalt leisten konnten, beauftragten wir den kostenlosen »Rechtsdienst für Behinderte«.

Unsere Beschwerde wurde abgewiesen, und ich begann beim Lesen der Begründung zu verstehen, dass es bei der Zumessung der Rentenleistung weder um Menschlichkeit noch Gerechtigkeit im landläufigen Sinne ging, sondern um Zahlen. Diese beschrieben den noch zu erwartenden volkswirtschaftlichen Nutzen einer invaliden Person. Der neu geschätzte Nutzen wurde mit demjenigen abgeglichen, den die gesunde Person zuvor erbracht hatte. Die Differenz entschied die »Integrationsmöglichkeit«. Obwohl ärztliche und psychologische Gutachten zum Ergebnis gekommen waren, eine Anstellung sei für Pippa aus Mobilitätsgründen ausgeschlossen, entschieden einzig die Zahlen. Als ich das Argument aufnahm und anfragte, was mit der Invaliden geschähe, wenn ihre Schwester und ich, die wir beide zum Unterhalt nicht verpflichtet seien, unsere Zahlungen einstellten, wurde mir geantwortet:

– Das ist nicht unser Problem. Dann wird sie in ein Heim abgeschoben.

Ich gelangte mit einer Beschwerde an die nächsthöhere Instanz, das Obergericht des Kantons Aargau, und bekam einen weiteren ablehnenden Bescheid. Die ausführliche Begründung des Gerichts zeigte mir jedoch genau den Betrag auf, den ich als mögliche Entlohnung einer Regisseurin – als die sie zuletzt gearbeitet hatte – nachweisen müsste, um in einer nächsthöheren Instanz eine Chance zu haben. Ich rief das Sekretariat des »Schweizerischen Bühnenkünstlerverbandes« an, um mich nach dem üblichen Monatslohn einer Regisseurin an Schweizer Bühnen zu erkundigen. Die Sekretärin fragte, weshalb ich das wissen wolle, und ich schilderte ihr, worum es ging. »Pippa ist doch Mitglied unseres Verbandes?« Und als ich bejahte, fügte sie hinzu: »Sie bekommen noch heute den besten Anwalt, den wir haben.«

Ich verbrachte Stunden in der Kanzlei eines alten Juristen an der Rämistrasse in Zürich.

– Nein, sagte Dr. Bühler nach Studium der Gerichtsakten, es ist unmöglich, mit der Eingabe meiner Kollegen vom »Rechtsdienst für Behinderte« einen Prozess zu gewinnen, sie ist allzu dürftig. Auch sei mehr als fragwürdig, dass dieser Rechtsdienst eine Einrichtung der Invalidenversicherung sei, gegen die wir Klage führten.

Ich trug Arbeitsverträge, Lohnabrechnungen, Steuerausweise zusammen, um die Begründung unserer Beschwerde ans Bundesverwaltungsgericht zu verstärken und unseren Argumenten zusätzliches Gewicht zu geben. Dann bat ich Peter Schweiger, damals Direktor des »Theaters am Neumarkt«, um eine Einschätzung von Pippas Lohn als gesunde Regisseurin, erklärte Dr. Bühler, was genau die Aufgaben der Regie am Theater sind, und lernte von dem alten Juristen, dass gute Argumente das eine waren, doch ebenso sehr die Form zählte, in der die Argumente vorgebracht wurden, von der Gestaltung der Seiten bis zur Wortwahl: Das Einhalten juristischer Konventionen war bereits ein »Argument«, um ernst genommen zu werden.

Pippa ertrug den Prozess nicht. Sie wollte nichts von Herrn Bühler oder von Unterlagen hören, die zu beschaffen waren. Sie empfand sich entwürdigt, herabgesetzt in ihrem Beruf als Schauspielerin und Regisseurin, verletzt in ihrem Leben, das sie geführt hatte.

– Man will mich ein zweites Mal zur Invaliden machen, sagte sie, indem man meinem bisherigen Leben den Wert abspricht.

Der Prozess wurde für unsere Wohngemeinschaft zu einer wachsenden Belastung. Er dauerte bereits über zwei Jahre, und wenn ich auch die Mechanismen zu verstehen begann, so brachte dies keine Erleichterung. Ich war froh, ins Theater, zur Arbeit gehen zu können, mit Regisseuren die Konzepte künftiger Projekte zu besprechen, fuhr oftmals, um von Akten und Beschuldigungen wegzukommen, mit den Schauspielern abends zu Gastspielen außer Haus. Mit dem Konzept der »Neuen Claque« hatten wir Erfolg. Neben ungewöhnlichen, ausgeprägt literarischen Abenden wie T. S. Eliots »Waste Land« brachten wir auch Stücke heraus, die aus verschiedenen Texten komponiert waren. In »Iladig« (Die Einladung) von Ernst Burren hielten die Schauspieler im Publikum Ansprachen, redeten vor sich hin, zogen über Leute her, während ein Essen serviert wurde und die Hochzeitsfeier allmählich in ein Leichenmahl kippte: eine Collage hintergründig boshafter Texte aus dem Werk Ernst Burrens. In »Schinken auf Mazze, jüdisch geboren und christlich getauft« thematisierte Eva Schneid ihre eigene Geschichte vom allmählichen Erkennen ihrer Herkunft und dem Schicksal ihrer Familie während der Nazizeit. Sie schrieb kurze Dialogstücke und verbindende Erzählungen, wir montierten die Textteile, bauten die Dramaturgie des Abends. Eva erzählte auf der Bühne von einem Besuch bei ihrem sterbenden Onkel im Altenheim in Wien, wie sie erstmals erfuhr, dass sie als Kind jüdischer Eltern in eine christliche Pflegefamilie kam – und Eva, auf der Höhe ihres Könnens, verwandelte sich auf der Bühne in ihren alten Onkel, der aus einem Spiegel als erinnerte Figur seiner Nichte dem »Chapperl« – und so auch dem Publikum – das Schicksal ihrer Familie erzählte.

12

Wieder, wie in meinen frühen Zürcher Jahren, beschäftigte ich mich vorwiegend mit fremden Texten. Damals hatte ich die nachgelassenen Schriften Adrien Turels geordnet, mich für deren fachgerechte Archivierung eingesetzt, jetzt strich ich Dialoge ein, collagierte Textteile verschiedener Autoren, baute Stücke zusammen.

War ich seit Pippas Erkrankung in eine Wiederholungsschleife geraten?

In den frühen Morgenstunden, wenn es dunkel in den Fenstern war, der Verkehr noch nicht eingesetzt hatte, weder der Anwalt noch ein Schauspieler mich anriefen, lebte ich in einem eigenen, märchenhaften Kosmos: *Die Baumwelt. Sie ist eine umgestülpte Welt. Die Erde ist außen, und der Himmel ist innen: eine gleißende, leuchtende Blase in erdigem Dunkel.* Und es war vielleicht kein Zufall, dass die ersten Entwürfe zu »Kopfüberland oder die Reise zu den Bäumen« während der Zeit bei Frau Turel entstanden waren, als ich unter erschwerten Umständen Turels Nachlass ordnete. Nun nahm ich die Geschichte eines Jungen wieder auf, der ein Igel hatte werden wollen. *Aus einem nahe-*

liegenden Grund: Er hat rundherum Stacheln, ein spitzes Maul und schnelle Beine. Alles Eigenschaften, die im Leben ungeheuer nützlich sind. Als der Junge eine Kastanie findet, hält er sie für einen kleinen, grünen Igel, sticht sich und erwacht in der Baumwelt.

Was für mich damals noch Max Voegeli gewesen war, das war in »Kopfüberland« die alte, unnütze Eiche: die Meisterin, die der heranwachsenden Kastanie die Welt erklärt, in der sich Regenwürmer als »Überwurzeln« fühlen und es »die Laubspreu« gibt, umgetriebene Wesen, die es weht, wohin der Wind will.

Und der wollte, dass es mich wieder in Rollen und Aufgaben trieb, die ich als erfüllt und erledigt betrachtet hatte. Sie würden mich in den folgenden Jahren jedoch viel Zeit und Anstrengungen kosten. Die »Claque« hatte in der »Vereinigung der Theaterschaffenden der Schweiz« eine gewichtige Stimme. Das Ensemble schickte mich zur Jahresversammlung, ich wurde in den »Rat« und kurz danach zum Präsidenten gewählt, obwohl mich kaum jemand der Mitglieder kannte.

Erneut bewegte ich mich auf gesellschaftspolitischem Parkett, traf mich mit Politikern, sprach bei Behörden vor, nahm Stellung zu kulturellen Entscheidungen. Ich organisierte wieder Tagungen, setzte mich mit den Verantwortlichen anderer Vereinigungen zu Absprachen zusammen. Ich konnte anwenden, was ich als Leiter der sozialen Studien am Gottlieb Duttweiler-Institut gelernt hatte, Kenntnisse, die in der freien Theaterszene nicht verbreitet waren. Jetzt verhalfen sie mir zu einem Nebeneinkommen, das mein Dramaturgengehalt leicht aufbesserte.

Und wie schon damals kämpfte ich für neue, unkonventionelle Formen, nun für das Theater und nicht mehr für »Alternativen in Wirtschaft und Gesellschaft«, vertrat vehement den Standpunkt, die »etablierten« Bühnen seien nicht experimentierfreudig genug. Es brauche zusätzlich ein »freies Theater«, Gruppen, die an unüblichen Spielorten Stücke zeigten, die während der Proben entwickelt würden, auf aktuelle, politische Fragen reagierten oder literarische Vorlagen bearbeiteten, die nie auf die Bühne eines Schauspielhauses gelangten.

Hinter der Argumentation, die ich vor reglosen Mienen von Kulturbeauftragten und Stadtpräsidenten immer neu entwickelte, steckte mein eigener anarchischer Drang, herausgelöst aus beengenden Vorgaben zu eigenen Formen zu kommen. Wie aber sahen diese aus, hatte ich sie als Theaterautor gefunden? Müssten sie nicht auch in Erzählungen und Romanen sich verwirklichen lassen? Vielleicht brauchte es Zeit und die Arbeit für das »freie Theater«, damit künftige Stoffe heranreiften? Vorläufig müsste ich mich noch mit früher begonnenen Manuskripten wie »Kopfüberland oder die Reise zu den Bäumen«, mit »Der Kongress« und »Osterholz« beschäftigen.

TEIL II

Das fehlende Gesicht

1

Ich saß vor dem Fernseher, sah die Bilder der Deutschen Botschaft in Budapest, von Menschen, die über den Maschendrahtzaun kletterten, in einen von Flüchtenden bereits überfüllten Garten. Ich erinnerte mich dabei an den Titel eines Essays, den ich vor Jahren in einer Buchhandlung gelesen hatte: »Kann die Sowjetunion das Jahr 1984 erleben?« Ich hatte geseufzt, hielt damals die Annahme, eine Großmacht wie die Sowjetunion könne in sich zusammenfallen, für naiv und das Wunschdenken von jemandem, der sich nie mit imperialen Machtgefügen beschäftigt hatte. Doch bereits wenige Monate nach den Bildern aus Budapest zeigten die Nachrichten Aufnahmen vom Fall der Berliner Mauer, von jubelnden Massen an Zonenübergängen und hilflosen Volkspolizisten. Ich las in der Zeitung, wie die Satellitenstaaten der Sowjetunion sich befreiten, saß bei Mama im Wohnzimmer während meines wöchentlichen Besuchs, hörte mir ihre Klage an, warum nur die Rumänen es nicht schafften, wann endlich auch sie sich von diesem absurden Regime befreiten. War stolz auf die alte Dame, als sie mir an Weihnachten am

Telefon erzählte, Ceaușescu sei endlich gestürzt worden. Sie sei in den Keller gestiegen, habe eine Flasche Champagner geholt, ein Glas ex getrunken, es an die Wand geworfen und »lang lebe Rumänien« gerufen.

Doch nicht nur die festen, scheinbar unverrückbaren Blöcke der Weltgeschichte waren in Bewegung geraten, sondern auch die kaum gefestigten Terrains meiner eigenen Geschichte.

Ein zentraler Lebensbereich war ohne Perspektive geblieben und war nicht länger in der Schwebe zu halten: Wie ließen sich meine Bedürfnisse nach Sexualität und Nähe mit meiner engen Verbindung zu Pippa in Einklang bringen. Ich liebte sie, auch wenn sie nicht mehr die Pippa war, die ich vor der Krankheit gekannt hatte. Eine gemeinsame Sexualität gab es nicht mehr, und wenn zwischen Pippa und mir auch geklärt war, dass ich künftig nicht in mönchischer Enthaltsamkeit leben würde, war mir unklar, wie sich eine Beziehung zu einer anderen Frau gestalten ließe. Unverbindliche, rein sexuelle Kontakte kamen für mich nicht infrage. Da aber feststand, dass ich Pippa nicht verlassen wollte, eine Partnerin folglich nie auf ein Zusammenleben in einer gemeinsamen Wohnung hoffen durfte, sah ich mehr Schwierigkeiten als Lösungen eines zunehmend drängenden Problems.

War es da nicht einfacher, allein zu bleiben, sich neben der Mithilfe im Haus ganz dem Schreiben und der Arbeit im und für das Theater zu widmen?

Anina wohnte am Ende der Gasse, da, wo sie leicht ansteigt und vor der Treppe endet, die hinauf in die Oberstadt führt: ein wuchtiges Haus, vielleicht eine ehemalige Manufaktur, in der sie eine Zweizimmerwohnung mit großer Küche bewohnte. Täglich ging sie mit ihrem kleinen Jungen am Theater vorbei, eine schlanke, groß gewachsene Frau. Ihr Gang war ein Schlendern, sie blieb öfter stehen, wartete geduldig auf Guy, der dies und jenes entdeckte, sich hinhockte, dann wieder losrannte, während Anina in Gedanken vor sich hin sah. Ihr Gesicht, von dunklem langem Haar eingefasst, war flächig und blass, die Lippen regelmäßig, ihre Augen von gleichmäßigen, gestreckten Bögen überwölbt. Ihre Kleidung ließ auf ein schmales Budget schließen, war abgewetzt und nicht immer vorteilhaft, doch sie trug sie mit einer Unbekümmertheit, als müsste die Zusammenstellung genau so sein. Nach einer Weile, in der sie sinnend dastand, sah sie sich nach Guy um, ihr Mund verbreiterte sich zu einem Lächeln, die dunklen Augen wurden zu kleinen Sicheln, und sie rief:

– Guy komm, wir gehen nach Hause!

An einem Nachmittag kam ich mit ihr ins Gespräch, ich begleitete sie ein Stück die Gasse entlang. Bevor ich mich verabschiedete, legte ich Anina leicht die Hand auf die Schulter. Die Geste hatte sich aus einem Impuls, doch unabsichtlich ergeben. In dieser Berührung lag der Beginn einer allmählichen Annäherung. Wir trafen uns nicht mehr nur zufällig. Nach ein paar Wochen lud sie mich zu sich ein, wir redeten bis tief in die Nacht, *und als ich am Morgen in Aninas Bett aufwachte, einen Augenblick lang nicht wusste, wo ich mich befand, hörte ich eine Stimme an meinem Ohr:*

Du bist tot!

Und als ich den Kopf zur Seite wandte, sah ich einen kleinen Jungen, der mit einem Stock auf mich zielte.

Es war Guy.

2

Anina hatte eine ruhige Art, ihren streng geregelten Alltag zu bewältigen. Stets gab es eine nächste Aufgabe, die sie nach langen Stunden eintöniger Lohnarbeit zu erledigen hatte: Das Essen musste auf dem Tisch stehen, die Wäsche besorgt werden, Guy genügend Zuwendung erhalten. Kaum ein Abend blieb frei für eine Stunde im Biergarten, für einen Kinobesuch oder ein Essen mit Freunden.

In dieses beengte Leben trat ich wie in ein mir unbekanntes Dasein, gewillt, mit Anina und ihrem dreijährigen Sohn eine Familie zu sein. Ich hoffte, dadurch an einem Stück Alltag teilzuhaben, wie er üblich und für viele Menschen selbstverständlich war, von dem ich mich jedoch seit Pippas Erkrankung ausgeschlossen fühlte.

Ich mochte den kleinen Jungen, der ein aufgeweckter, phantasiebegabter Bursche war. Ich fühlte ihm gegenüber väterliche Züge in mir erwachen und war manchmal Kind wie er, voll alberner Einfälle. Anina schmunzelte, wenn sie uns um Bettenburgen kämpfen sah. Es sei für Guy gut, ein männliches Gegenüber zu haben, sagte sie während eines Gesprächs am Küchentisch, er lerne darüber hinaus von mir den Umgang mit Phantasie und Imagination, den sie ihm nicht vermitteln könne.

Schon in der Seminarzeit war ich mir sicher gewesen, niemals eine Familie gründen zu wollen. Nun bekam ich sie doch. Wenigstens bildete ich es mir ein, obwohl ich den Verdacht nie ganz loswurde, diese »Familie« sei mehr Wunsch als Wirklichkeit. Sie gäbe es lediglich, weil ich unsere kleine Gemeinschaft so sehen und an ihre Tatsächlichkeit glauben wollte.

Wie Wirklichkeit mit unserer Wahrnehmung zusammenhängt, beschäftigte mich auch am Schreibtisch: Ich hatte einen neuen Roman begonnen.

Noch vor dem Fall der Berliner Mauer, während eines Aufenthalts von Pippa in der Rehabilitationsklinik, war ich nach Italien gereist. Ziel war Florenz gewesen, und ich freute mich, die Stadt wiederzusehen, in der ich schon als Kind mit den Eltern gewesen war und wo Pippa und ich unsere ersten Ferien verbracht hatten. Ich war damals überwältigt von der Begegnung mit der Renaissance gewesen und stellte mir vor, meinen Begleitern müsste es ähnlich ergehen. Sie würden staunend die Tage in den Uffizien, im Boboli-Garten, im Kreuzgang mit den Fra-Angelico-Fresken verbringen. Doch die beiden fanden kaum Interesse an der Pforte des Baptisteriums, seiner Kuppel, an Masaccio-Fresken oder Donatellos David. Sie wollten lieber durch die Gassen schlendern, sehen, was es in den Läden zu kaufen gab, und schlugen nach ermüdenden Stunden vor, ans Meer zum Baden zu fahren.

Über schmale Straßen, durch Hügel, Felder, verstreute Siedlungen und Dörfer kamen wir gegen Abend in Castiglione della Pescaia an, und da wir kein Hotel fanden, wählten wir die Küstenstraße südwärts. Nach ein paar Kilometern bogen wir in einen Pinienhain ein und parkten hinter den Dünen. Wir würden die Nacht im Auto verbringen. Während ich schlaflos dalag, durch die sich beschlagenden Scheiben in die Nacht sah, fiel mir eine Zeitungsnotiz über einen Mörder ein, der in der Toscana seit Jahren auf immer gleiche Weise seine Taten beging. Er hatte es auf Paare in Autos abgesehen, deren Scheiben beschlagen waren und die er auf grausame Weise abschlachtete.

Was wäre, käme der Mann über die Düne, eine schattenhafte Gestalt, eine Flinte in den Händen?

Ich wischte die Scheibe frei, starrte ins Dunkel. Wind war aufgekommen, die Pinien schwankten, und ich hörte ein Schlagen, ein Schlagen an die Karosserie, wurde von Panik erfasst, drängte mich so rasch es möglich war aus dem Auto – : Ein abgebrochener Ast schlug gegen das Rad.

Wie durch die Erinnerung an eine Zeitungsnotiz und das Schlagen des Astes etwas zur Wirklichkeit wird, das es nicht gibt, machte ich zum Ausgangspunkt meiner Romanhandlung. Die Hauptfigur Sid erhielt starke Züge meines Lehrmeisters, war aber auch eine Maske meiner selbst. Ich ließ den vierzigjährigen Journalisten gemeinsam mit seiner Partnerin, einer Krankenschwester, die er nach Entfernung eines Hirntumors kennengelernt hatte, erleben, was mir in der Nacht im Piniengürtel von Castiglione widerfahren war. Doch im Roman nähert sich tatsächlich ein Mann dem Auto. Er taucht über der Düne auf, kommt auf das Heck des Wagens zu, wie es in dem Artikel über das »Ungeheuer von Florenz« beschrieben war, und Sid spürt: Dies ist der Moment des Handelns. Er wird beweisen, falls es ihm gelingt, den drohenden Tod abzuwenden, dass für ihn ein neues Leben ohne Krankheit beginnt. Er zwängt sich ans Steuer, legt den Rückwärtsgang ein, gibt Gas, überfährt den Mann, und im Scheinwerferlicht windet sich ein Bündel Mensch. Sids Partnerin Tanja wird später erfahren, dass der Getötete ein harmloser Tourist gewesen ist.

Was für mich ein Schreckmoment durch die Örtlichkeit und den erinnerten Artikel gewesen war, ist für Sid durch seine Tat eine unzweifelhafte Tatsache geworden: Er hat aus Notwehr das Richtige getan, um sich und Tanja zu retten. Zugleich hat er sich bewiesen, dass er durch das rasche, entschiedene Handeln seine Krankheit und mit ihr den Tod besiegt hat. Diese von ihm geschaffene Wirklichkeit verdichtet sich, dringt in die Reisetage ein, zwingt zu Verdächtigungen und Fluchten. Immer stärker gerät auch Sids Partnerin in den Sog seiner wahnhaften Sicht. Sie wird zur Mitbetroffenen, die ihren Reisegefährten nicht verlassen kann. Als ausgebildete Pflegerin erkennt sie die wiederkehrenden Symptome der Krankheit, die auch Sid spürt. Durch zwanghaft wiederholte Taten will und muss er sich wieder und erneut beweisen, dass er dennoch gesund sein wird und leben. Nur der körperliche Zerfall und Tanjas Flucht hindern ihn zuletzt, auch seine Begleiterin, die er zunehmend als die ihn bedrohende Zeugin und Mitwisserin sieht, zu töten, um im Tausch dafür die finale Bestätigung für sein Weiterleben zu bekommen.

Während des Schreibprozesses wurde mir klar, dass ich mich auch diesmal – wie schon bei den Theaterstücken – mit den Erfahrungen um Max Voegelis Erkrankung und Tod beschäftigte. Das Gebiet des Hauptkraters, wie ich die Nacht von Pippas Hirnblutung nannte, blieb unzugänglich, auch wenn es im Text Echos auf das Erlebnis gab, wie das Schlagen, das Sid weckt, das »Mitinvalidisiertwerden«, das seine Partnerin in Verlauf der Handlung erfährt. Doch stärker bildeten sich die Beobachtungen während der Krankheit meines Mentors ab: Seine Hoffnung, durch eine Handlung die Krankheit zu überwinden, seine Fähigkeit, erzählerische Wirklichkeiten zu schaffen, an die ich wie auch Freunde und Bekannte vorbehaltlos glaubten. Der Antrieb, den Stoff zu gestalten, kam jedoch aus der Frage, die sich mir noch immer stellte: Inwiefern auch ich mir Wirklichkeiten oder Tatsachen schuf, durch die mir nahestehende Menschen, wie Pippa oder mein Mentor, Schaden erlitten hatten. Die Dringlichkeit einer Antwort ließ mich jede freie Stunde an dem Roman »Die verlorene Wirklichkeit« arbeiten.

Mit seinem Stock hieb er auf die brüchigen Zweige ein. Sie splitterten, und Sid schlug immer heftiger und ungezielter zu, je mehr er die Aussichtslosigkeit spürte. Voller Verzweiflung und Wut drosch er um sich, ließ nicht ab, obwohl der Stamm unter seinen Füßen bedrohlich schwankte, sein Atem kurz wurde und der Schweiß ihm über das Gesicht rann. Er musste es schaffen! Er musste den Weiher erreichen!

»Nein!« Es war wie ein Schrei.

Der Stock entglitt ihm, er sah, wie er zwischen den Ästen hindurchrutschte, ins faulige Wasser platschte und dann dalag, als hätte er nie woanders gelegen.

3

Oftmals, besonders vor Premièren, wenn wir bis in die Nacht hinein arbeiteten, schaute ich bei Anina vorbei, wenn noch Licht in der Küche brannte, sie am Tisch bei einem Glas Tee die Zeitung las. Wir verbrachten gemeinsame Stunden an Wochenenden, packten hie und da Guy ins Auto und machten einen Ausflug in die Umgebung. Wir besichtigten eine Burg, spazierten an einem See entlang oder besuchten ein Tiergehege, stets bedacht, einen Guy fesselnden Ort aufzusuchen. Anina sollte sich etwas erholen, während ich mich um Guy kümmerte und ihm die schottischen Hochlandrinder zeigte, die hinter dem Zaun grasten. Er musterte sie eingehend, sagte dann mit ernsthafter Miene und im Ton eines abschließenden Urteils: »Die haben sehr schöne Pullover an!«

Ich liebte ihn für solche Bilder, sie freuten mich, holten mich aus den eigenen sprachlichen Bergwerksstollen der Romanarbeit zurück ans Licht, in eine Heiterkeit, die es trotz allem Erfahrenen gab. Und wenn Guy fand, an einem Tag, an dem ich mich nicht rasiert hatte, ich hätte »wieder Krallen am Kinn wachsen lassen«, so waren es solche Sprachbilder, durch die Guy das Kindliche in mir berührte, Erinnerung an meine eigene Kindheit weckte, die unter den Geschehnissen der letzten Jahre verschüttet lagen, doch nun durch Wörter und Sprachbilder lebendig wurden.

Pippa war auf Frauen nie eifersüchtig gewesen. Sie mochte Guy und schätzte Aninas ruhige, gelassene Art. Bei ihrer ersten Begegnung war Anina auf Pippa zugegangen, unbefangen und selbstverständlich. Sie sprachen von Guy, der Arbeit und finanziellen Engpässen, doch unterließ sie, was Bekannte und Freunde nie müde wurden vorzuschlagen, nämlich, was Pippa trotz halbseitiger Lähmung alles tun und unternehmen könnte, eine von Pippa empfundene Anmaßung, die sie zur Weißglut brachte. Anina kannte aus Erfahrung, dass durchgestandene Leiden keine Ratschläge von Leuten brauchten, die diese nur vom Hörensagen kannten. Guys Vater hatte sie kurz nach Guys Geburt sitzen lassen, er wurde als Dealer erwischt, verschwand ganz aus ihrem Leben, während sie, allein auf sich gestellt, versuchen musste, sich und Guy durchzubringen. Ihre Haltung drückte das Selbstbewusstsein aus, das sie sich erarbeitet hatte. Und wenn es nicht eben leicht war, Pippas Sympathie zu erwerben, Anina erhielt sie augenblicklich. Sie hatte ihr Geschick ebenso klaglos angenommen wie Pippa das ihre, hatte es gemeistert, so gut es möglich war, und dazu rechnete Pippa auch das Verhältnis Aninas mit mir.

Pippas Offenheit entlastete mich. Es brauchte keine Heimlichkeiten und zwiespältigen Gefühle. Anina und Guy gehörten zu den täglichen Gesprächen wie die Neuigkeiten vom Theater, was während einer Vorstellung geschehen war, wie die Proben zur nächsten Produktion liefen und was Pippa von einem Pressetext hielt. Ich beschäftigte mich mit dem Spielplan für die nächste Saison, und das hieß lesen, Gespräche führen, rechnen, überzeugen. Wie ließen sich Stücke finden, die einerseits in die programmatische Linie passten, andererseits mit den beschränkten finanziellen und personellen Mitteln zu realisieren waren. Dazu kamen aber auch Wünsche und Ideen, die es zu berücksichtigen galt. Die Schauspieler schlugen Texte oder Themen vor, die wir auf die Bühne bringen sollten, Regisseure machten Angebote, Schriftsteller schickten Stücke oder kamen mit einem Projekt ins Haus, das sie gerne mit uns entwickeln wollten. Der Spielplan, der letztlich bei der Pressekonferenz vorgestellt wurde, war das Ergebnis eines vielfältigen Austausches im Ensemble und führte deshalb auch kaum zu Diskussionen.

Eine Technikerin, die neu eingestellt worden war und an den Ensemblesitzungen teilnahm, erklärte, ihr gefielen die Stücke des neuen Spielplans nicht. Sie könne ihnen nicht zustimmen. Auf die Frage, was ihr nicht gefalle und was sie vorschlage, entgegnete sie nur, das könne sie nicht sagen, sie gefielen ihr einfach nicht.

An diesem Fall entzündete sich eine Diskussion, die das Ensemble zu spalten begann. Man einigte sich zwar auf den vorgeschlagenen Spielplan. Schließlich mussten wir der Presse vor Saisonende die nächste Spielzeit vorstellen. Doch ich machte unmissverständlich klar, dass es nicht anging, dass jemand, der erst drei Wochen im Ensemble war, einen langen Prozess der Auswahl, Gestaltung und bereits getroffener Vorgespräche blockieren könne. Die Statuten des Theaters müssten überarbeitet werden. Die Mitbestimmung aller in allen Belangen gehöre gestrichen.

Die von mir verlangten Änderungen fanden Befürworter und Gegner, die Auseinandersetzung glitt vom Sachlichen ins Machtpolitische, mir wurde unterstellt, ich wolle die Leitung des Theaters an mich reißen, und schließlich entschied der Vorstand des Theaters, in Kenntnis, dass ich ohne Änderung der Statuten nicht weiterarbeiten werde, alles beim Alten zu belassen. Ich bat um die Kündigung und verließ am Ende der Saison die »Claque«, obwohl ich mich, gemeinsam mit dem Regisseur, mitten in den Vorarbeiten für die Eröffnungsproduktion der neuen Spielzeit befand.

4

Ich meldete mich beim Arbeitsamt, stand in der Reihe vor dem Schalter, schrieb zu Hause die vorgeschriebene Anzahl Bewerbungen, bekam dafür den reduzierten Betrag meines Durchschnittslohns und rechnete. Die Zeit, in der ich keine Anstellung fände, würde ich nutzen, um am Roman »Die verlorene Wirklichkeit« zu arbeiten.

Das »Gullihaus«, das Armenhaus im Heimatort meines Großvaters, geisterte als eine Schreckvision durch meine Kindheit. »Gullihaus« war das Angstwort meines Vaters, geerbt von seinem Vater, und es bedeutete, wieder wie zu Urgroßvaters Zeiten in Armut zu fallen und abhängig von öffentlicher Hilfe zu werden. Nun aber war ich »abhängig« geworden und empfand beim wöchentlichen Schlangestehen vor den Schaltern des Arbeitsamtes eine heimliche Genugtuung. Als Erster seit drei Generationen kehrte ich an den »Ort« zurück, an den niemand von der Familie je wieder hatte gelangen wollen. Zwar war es das Büro einer sozialen Einrichtung und nicht das »Gullihaus«. Dennoch würde die vererbte Angst durch meine Bittgänge ihren Schrecken verlieren. Zu lange hatte sie das Leben meiner Familie bestimmt, die aus Angst vor der Armut und dem Verlangen nach Sicherheit immer wieder Entscheidungen getroffen hatte, die nicht zu ihrem Vorteil gewesen waren. Ich würde ihre Macht endlich brechen.

Doch zeigte sich an ihrer Stelle vorerst die Macht des Amtes. Ich durfte nicht wegfahren, auch nicht zu einem Theatertreffen, zu dem ich eingeladen worden war. Ich hatte in der Stadt zu bleiben, mich wöchentlich zu melden und meine Bewerbungsschreiben vorzulegen. Dramaturg als mein Beruf wurde nur vorläufig akzeptiert, da mir »auf Grund früherer Tätigkeiten« als Lehrer oder Abteilungsleiter der sozialen Studien am Gottlieb Duttweiler-Institut »auch andere Erwerbstätigkeiten zugemutet werden konnten«, wie es offiziell hieß. Ich schrieb Theater um Theater an, im Wissen, dass die Aussicht, als Dramaturg angestellt zu werden, praktisch null war. Das aber wusste der Beamte nicht, und so weitete ich meine Schreiben auf das deutsche Sprachgebiet aus, ohne je einmal auch nur eine Antwort zu bekommen. Doch die Zahl der Theater ist beschränkt, und allmählich hatte ich mich bei all jenen Bühnen, die infrage kamen, beworben. Es gab keine Adressen mehr, an die ich schreiben konnte. Da mir nun drohte, eine Beschäftigung auch außerhalb des Theaters annehmen zu müssen, ich dies vermeiden wollte, begann ich, mich bei freien Gruppen zu bewerben, obwohl die nicht nur kein Geld hatten, sondern auch keine Ahnung, was ein Dramaturg ist und wozu sie einen solchen gebrauchen könnten.

Doch dann lag im Briefkasten ein Schreiben des »Theaters Colibri«. Sein Gründer und einziges Mitglied, Charli Schluchter, schrieb, er sei an einer Zusammenarbeit interessiert. Er wolle aus Tonbandaufzeichnungen eines alten Mannes ein Solostück erarbeiten. Wir trafen uns, er engagierte mich für sein Projekt, und ich hatte den »freien Dramaturgen im freien Theater« als einen neuen Beruf erfunden.

Nach einem Jahr gab ich Pippa eine erste Fassung von »Die verlorene Wirklichkeit« zu lesen, und sie raffte sich aus ihrer halben Körperhälfte auf, saß Stunden über dem Stapel loser Blätter, kritzelte Bemerkungen mit Bleistift an den Rand der Seiten, die Eselsohren bekamen, und sagte:

– Da ist zu vieles zu umständlich erzählt, einiges auch unverständlich. Du musst einfacher werden.

Wir fuhren nach Gomera in eine Ferienwohnung, die wir zu günstigen Bedingungen erhielten, um dort gemeinsam das Manuskript durchzuarbeiten. Nahe am Strand, in einem Arzthaus, bewohnten wir ein Appartement mit großer Dachterrasse, von der wir über Bananenstauden und Hibiskus aufs Meer sahen. Die Treppe zur Wohnung war das einzige Hindernis für Pippa. In den beiden Zimmern und auf der Terrasse konnte sie sich im Rollstuhl frei bewegen. Wir arbeiteten jeden Morgen und Nachmittag zwei bis drei Stunden, dann ruhte sich Pippa auf dem

Bett aus, während ich die Korrekturen in den Computer tippte, ein viereckiger Klotz, den ich in einer speziell wattierten Tasche mitgeschleppt hatte. Drei Wochen arbeiteten wir, gingen kaum einmal aus, auch weil die Wege für einen Rollstuhl zu schlecht, Besuche im nahen Restaurant für Pippa zu anstrengend waren.

Satz für Satz gingen wir den Text durch, diskutierten Formulierungen, Streichungen, Vereinfachungen. Pippa war eine unerbittliche Kritikerin und ich ein beleidigter Autor, der herumlamentierte, er wolle keine Konzessionen an die Blödheit der Leser machen. Schließlich, wenn Pippa schlief, überarbeitete ich murrend die beanstandeten Stellen. Vielleicht hatte sie mit ihren Einwänden ja recht.

Anina hatte einen Freundeskreis aus Jugendjahren, aus dem auch Guys Vater stammte, eine »Clique«, zu der ihr Kontakt nie ganz abgebrochen war. Seit ich am Roman arbeitete, meine Bewerbungsschreiben schrieb, suchte Anina in der Freizeit erneut ihre alten Kumpels auf. Diese trafen sich täglich am späten Nachmittag in einem Restaurant, an Tischen auf dem Vorplatz, tranken Bier und redeten, Männer, von denen jeder auf seine Art mit dem Leben nicht zurande kam. Manfred, ein schwerleibiger Dreißiger, hatte eine Stellenvermittlung betrieben, die in Konkurs gegangen war, Robert, ein begnadeter Schachspieler, verlor außerhalb der vierundsechzig Felder seine Souveränität und den Halt, und Laszlo glaubte Experte für Sozialismus zu sein, da seine Eltern 1956 aus Ungarn geflohen waren. Hie und da kamen auch andere Kumpels dazu. Doch sie alle tranken zu viel, und ihre Diskussionen bestanden aus dem Herabsetzen von allem und jedem. Ich fühlte mich in dem Kreis unwohl, verstand nicht, was Anina in dieser Gesellschaft suchte. Mich interessierten weder die Gespräche noch die Menschen, die sie führten. Anina jedoch schien durch ihren ehemaligen Freundeskreis etwas Anstrengendes, Fremdartiges an mir zu entdecken. War es wirklich so wichtig, was man meinte und sagte, wie ich behauptete? Und wozu musste man an etwas schreiben, für das man schon im Morgengrauen nach Hause an den Schreibtisch rennen musste?

– Du bist so schwer, man kann doch auch leicht sein, sagte sie.

Die mit Pippa überarbeitete Fassung schickte ich an Ruth Liepman, und sie schrieb mir, damit könne sie »arbeiten«. Sie schlage vor, die beiden älteren Manuskripte zur Seite zu legen, sie wüsste nicht, wo sie den Roman »Der Kongress« noch anbieten könne, und auch mit »Osterholz« habe sie nur ablehnende Antworten erhalten. Doch mit dem neuen Manuskript werde sie schon bald eine Zusage bekommen, da sei sie sich sicher.

Wenige Wochen später rief sie mich an. Sie habe gute Nachrichten. Luchterhand werde den Titel im Herbstprogramm herausbringen. Sie schicke den Vertrag.

Luchterhand? Das war doch der Verlag gewesen, in dem

der Gedichtband von Arturo Fornaro erschienen war, damals, als ich Hausbursche bei Frau Bürdeke gewesen war und über der Buchhandlung unterm Dach gewohnt hatte. Doch welche Autoren veröffentlichte der Verlag heute? Und hatte ich nicht gelesen, dass der Verlag jüngst verkauft worden war, dass namhafte Autoren – vor allem auch aus der Schweiz – Luchterhand verlassen hatten? Ich ging in die Buchhandlung, stand vor den Regalen, suchte nach Buchrücken mit dem Signet des Verlags, war enttäuscht, nur wenige Titel zu finden, noch dazu von mir gänzlich unbekannten Autoren.

Nach dem Engagement beim »Theater Colibri« erhielt ich vorerst keinen weiteren Auftrag. Doch ich vertraute darauf, in der neuen Saison eine Stückdramaturgie zu finden, und nutzte die Zeit, eigene Theaterprojekte auszuarbeiten, die ich Regisseuren oder einer Theatergruppe vorschlagen konnte. Zudem war ich seit der Arbeit mit Charli Schluchter überzeugt, dass die Fähigkeit, in einem heterogenen Textmaterial einen Ablauf zu erspüren, eine Geschichte einzuarbeiten, welche die losen Teile verbindet, gebraucht würde und ich mir deshalb auch künftig ein Einkommen erarbeiten könne. Im Herbst erschiene überdies mein Roman »Die verlorene Wirklichkeit«. Darauf setzte ich einige Hoffnungen.

Ich fuhr nach Frankfurt zum Lektorat, und das Taxi hielt vor einer Villa in einer ruhigen, vornehmen Gegend. Durch die Eingangstür betrat ich einen Lichthof, unter dessen Glaskuppel erhöht ein Flügel stand. Der Verlagsleiter Helmut Frielinghaus und die Lektorin Claudia Schlottmann empfingen mich, wir bekamen Kaffee serviert, und Helmut Frielinghaus gestand, er habe gleich die Zigarettenmarke gekauft, die Sid im Roman rauche, Craven A. Sie erwarteten im Verlag einen Erfolg … die Spannung … die Atmosphäre der Toskana ….

– Und freuen Sie sich. Ihr Buch wird der Spitzentitel des Herbstes. Eine Auszeichnung.

Mein Magen zog sich zusammen. Ich sah auf den Stapel Blätter, der vor uns auf dem Tisch lag und mein Text war, mir jedoch nicht mehr gehörte. Andere begannen, über ihn zu bestimmen, ihn sich anzueignen, Leute, auf die ich keinen Einfluss hatte. Nein, nein, hörte ich sagen, den Titel müssen wir ändern, er klingt zu negativ. »Strandgut« möchten wir vorschlagen, »Strand« und »gut« und Maupassant, ein Titel einer seiner Novellen …

Während Helmut Frielinghaus und Claudia Schlottmann redeten, öffnete sich vor mir eine Nebellandschaft aus Erwartungen, Hoffnungen, Absichten. Dunkle, nicht erkennbare Umrisse tauchten auf und verschwanden. Dahinein glitt mein Roman, und als es ans Lektorieren ging, entfremdete sich mir der Text vollständig. Er hatte Anforderungen zu genügen, so glaubte ich, von denen Pippa und ich keine Ahnung hatten, die jedoch nichts mit meinem Stoff, seiner Aussage, zu tun hatten.

Zwei Tage dauerte das Lektorat, und ich ließ es über mich ergehen, gequält von Krämpfen und Übelkeit, machte brav die Korrekturen, bekam die Fahnen und mit ihnen eine Einladung zu den »Solothurner Literaturtagen«. Ich sollte dort noch vor Veröffentlichung des Buches lesen.

5

Vor dem Gasthof Kreuz waren Sonnenschirme, Bänke und Tische aufgestellt, saßen dicht gedrängt die Gäste. Gegenüber gingen die Besucher der Lesungen im Landhaus ein und aus, Gruppen standen auf der Gasse zusammen, und ich wusste nicht, wohin ich mich wenden sollte. Erfreut entdeckte ich in der Menge Ernst Burren. Ich kannte ihn von den Inszenierungen seiner Texte her. Er war regelmäßig zu den Premièren der »Claque« gekommen, hatte Gerhard Meier begleitet, der seine Enkelin Christine auf der Bühne sehen wollte. Wir hatten uns befreundet, und da ich ihm sagte, dass ich mich etwas fremd fühle, schlug er vor, mich ein paar Bekannten vorzustellen. Die Literaturtage seien sowieso eine Art Familientreffen der Literaten, jeder kenne jeden, und Ernst Burren führte mich zum nächstgelegenen Tisch, um den Autoren und Kritiker saßen. Er sprach einen noch jüngeren Mann an, der für die Feuilletons verschiedener Zeitungen schrieb, sagte, er möchte mich ihm gerne vorstellen.

– Es interessiert mich nicht!

Der Angesprochene blickte noch nicht einmal hoch.

Doch er hatte einen Satz gesagt, der in meiner Kindheit und Jugend für die tief eingewurzelte Feindschaft zwischen der mütterlichen und väterlichen Familie gestanden hatte. Dieselbe Formulierung hatte Großvater gebraucht, als mein Vater zum ersten Mal Mama seinen Eltern vorstellen wollte:

– Es interessiert mich nicht!

Nun galt diese Zurückweisung mir. Ich wurde in diese »Familie« von Kritikern und Schriftstellern, die hier zusammenkam – wie Ernst Burren gesagt hatte –, nicht aufgenommen, und ich verspürte am Tisch mit der Runde bekannter Namen in mir Mamas Verachtung gegenüber »dem Mangel an Lebensart«, den sie Großvater nie verziehen hatte.

Am nächsten Tag um elf Uhr war meine Lesung in der Säulenhalle. Ich hatte mit Pippa die Stellen ausgesucht, die ich lesen wollte, hatte sie geübt und Pippa vorgetragen, die Hinweise zu Tempo, Pausen und der Schlussartikulation gab, auch Fehlbetonungen korrigierte. Aufgeregt war ich trotz der Sicherheit, die ich mir erarbeitet hatte. Nach der Einführung begann ich zu lesen, gewann immer mehr Selbstvertrauen. Nach zwei, drei Seiten unterbrach mich ein Zwischenruf. Ein Zuhörer war im Publikum aufgestanden, rief in den Saal, er protestiere, das sei keine Literatur, die ich da vortrage, das seien Klischees und banale Sätze. Ich saß auf dem Podium, wusste nicht, wie ich reagieren sollte, war fassungslos, sagte aus Notwehr, was mir gerade einfiel: dass ich zwanzig Jahre gearbeitet habe, um zu einer einfachen Sprache zu finden, dass mir ein Satz wie »Er ging die Straße hinunter« lieber sei als Zierereien, die vorgeben, Literatur zu sein, und purer Unsinn sind, wie »er setzte Bein vor Bein, um das Gepflästerte hinter sich zu bringen …« Die Moderatorin versuchte, mich und das Buch zu verteidigen, doch ein Zweiter stand im Auditorium auf, sagte, er sei Mitglied der Programmkommission. Er müsse gestehen, jetzt, da er den Text höre, sei auch er der Ansicht, dass dies keine Literatur sei. Er entschuldige sich, dass er mich zu den »Solothurner Literaturtagen« eingeladen habe.

Anina hatte mich nicht begleitet. Seit ein paar Wochen zog sie sich mehr und mehr zurück. Ich verspürte eine kühle Zurückhaltung, die sie selten aufgab und die sich verstärkte, je mehr ich Aninas Nähe suchte. Ihre Zuwendung Guy gegenüber wurde stärker, auch ausschließlicher, als bekäme er auch das noch, was eigentlich mir zustünde. Ich machte die befremdliche Erfahrung, mit dem kleinen Jungen in eine Konkurrenz um Aninas Aufmerksamkeit zu geraten. Guy nahm sie sehr wohl wahr und äußerte sie mit kindlicher Schonungslosigkeit: »Ich esse nur, wenn der da weg ist«, »Mama, den brauchen wir nicht«, »der soll jetzt gehen«. Mehr und mehr wurde Guy zu einem »kleinen, käsgesichtigen Dämon«, den ich liebte und hasste, um den ich warb und den ich von mir stieß. Er berührte in mir einen Schmerz, den ich nicht spüren wollte und der durch Aninas distanzierte Kühle noch verstärkt wurde. Durch den schwelenden Konflikt begann ich mich zu fragen, wie es denn gewesen war, damals, als ich selbst noch ein Kind gewesen war.

Zu Besuch

Ich saß bei dir
zu Hause
in der Kindheit

Der Sommer roch
nach Hitze
und nach feuchtem Teer

Im Küchenfenster
zitterte
das Spinnennetz

Im Wohnblock
überm Fluss
brannten die Lichter …

Und wir redeten:
du – meine junge Mutter
Ich – dein altes Kind

Das Spinnennetz zitterte, und ich verfing mich in den klebrigen Fäden. Ich litt, wenn ich die Treppen hoch zu Aninas

Wohnung stieg, und ich litt, wenn ich durch die Straßen lief. Wäre wenigstens »Strandgut« der Erfolg geworden, den sich der Verlag erhofft hatte. Doch nicht nur in Solothurn war mir Ablehnung entgegengeschlagen. Nach Erscheinen lehnte auch die Kritik den Roman großenteils ab. Das Buch war in der Vorschau als Sommerkrimi und Psychothriller angekündigt worden, Werbeschlagworte, die ich mit meinem Roman nicht in Verbindung bringen konnte. Ich hatte mich ernsthaft mit Sprachverlust und den Konstrukten von Wirklichkeit beschäftigt. Nun las ich in den Feuilletons, der Autor habe keine Ahnung vom Krimigenre. Freunde, deren Urteil ich schätzte, behaupteten, eine Geschichte, wie ich sie geschrieben habe, sei Unterhaltung, aber keine Literatur. Während die einen mir vorwarfen, weder einen Thriller noch einen Krimi schreiben zu können, beschimpften mich die anderen, genau das getan zu haben. Und nur ich, zusammen mit Pippa, hatte an einem ganz anderen Buch gearbeitet.

Als ich klagte, zuckte Pippa die eine Achsel. Du hast getan, was du musstest, sagte sie, das allein zählt. Doch mehr als ihre Worte gaben mir die einfachen Handreichungen seelischen Halt. Ich half ihr, sich anzukleiden, kniete vor ihr, um die Spezialschuhe anzuziehen, damit sie ein paar Schritte gehen konnte, hielt, wozu es zwei Hände brauchte. In den elementaren Tätigkeiten war eine Kraft, die wie ein Gegengift gegen das Verletztsein wirkte. Zudem erinnerte mich jeder Hilfsgriff an den Stoff, den ich in keinem meiner bisherigen Versuche, weder mit den Theaterstücken noch dem Roman, bewältigt hatte: zu erzählen, was vor sechs Jahren in einer Februarnacht geschehen war. In die noch unzugängliche »Kraterlandschaft« vorzudringen, daran müsste ich am Schreibtisch weiterarbeiten.

6

Der Kalte Krieg war endgültig vorbei, Deutschland wiedervereinigt, das alte Europa der vielen Länder sinterte zusammen. Der Neoliberalismus durchdrang als einzig verbliebene Wirtschaftsform alle Lebensbereiche, und die Geschichte wurde als beendet erklärt. Das Theater »Claque«, bei dem ich noch einzelne Aufträge gehabt hatte, löste sich auf. Anina entschloss sich, die Aufnahmeprüfung für einen Jahreskurs an der Pädagogischen Hochschule zu machen, und meinen Hausgenossen und mir wurde die Wohnung gekündigt. Der Roman »Osterholz«, für den Ruth Liepman mir nach »Strandgut« doch noch einen Vertrag und Vorschuss verschafft hatte, würde nicht erscheinen. Die Vertreter hätten sich geweigert, so die Verlegerin, mein Buch auf die Reise zu den Buchhändlern mitzunehmen.

Wir müssten aus Baden wegziehen. Eine ähnlich große Wohnung wie die fünf Zimmer des Altbaus, zu einem ähnlichen Mietzins, würden wir in der Stadt nicht mehr finden. Wo aber gäbe es noch Orte, in denen sich eine bezahlbare, geräumige und hindernisfreie Wohnung mieten ließe? Und sollte es sie geben, dürfte sie nicht in einem »Schlafquartier« liegen, in dem Pippa von sozialen Kontakten und Einkaufsmöglichkeiten abgeschnitten wäre. Zu viele Bedingungen, die erfüllt sein mussten, und nach Wochen der vergeblichen Suche blieb nur eine Möglichkeit.

Seit dem Tod meines Vaters lebte Mama allein im Haus in Lenzburg, am Südhang des alten Rebbergs, mit Blick auf die Ebene und den Weiler aus Bauernhäusern und Scheunen. Hatten mein Bruder und ich anfänglich Bedenken gehabt, ob sie ohne Vater die Einsamkeit ertragen würde, so kam Mutter mit dem Alleinsein erstaunlich gut zurecht. Sie lebte zurückgezogen, teilte die Tage ein, wie sie Lust hatte, und schätzte die neue Unabhängigkeit. Ich besuchte sie jede Woche, saß mit ihr zusammen, wie wir es in meiner Jugendzeit getan hatten, und ich bemerkte, dass zwei Tätigkeiten mehr und mehr Raum in ihrem Alltag einnahmen. Sie liebte den Garten, verbrachte in der warmen Jahreszeit viele Stunden mit der Pflege ihres »Pärkleins«, das auch ein Stück erinnerter Vergangenheit vorstellte: Zum Verständnis einer »ihr angemessenen Lebensform« gehörte ein mit Blumenbeeten, Rosenstöcken, Sträuchern, Bäumen und Rasenflächen gestalteter Garten, und wenn ihr »Pärklein« tatsächlich auch sehr klein war, sollte es doch an vergangene Größe erinnern. Und Parkanlagen oder »grounds« gab es in der zweiten Beschäftigung, die einen Großteil von Mamas Zeit beanspruchte: das Lesen. In den Büchern, die sie bevorzugte, ergingen sich Menschen in Gartenlandschaften, wussten noch eine Konversation zu führen, waren Herrschaften, denen das Schicksal des Niedergangs oder der Flucht ebenso wenig erspart bleibe, wie es ihr selbst nicht erspart worden war.

Diese durch Erinnerungen, Lektüren und Blumenbeete gestaltete Welt war Mama bereit aufzugeben. Da wir keine passende Wohnung gefunden hatten, überlegten wir, ins Haus meiner Eltern zu ziehen. Pippa und ich hatten nach ihrer Erkrankung eine Weile in Lenzburg gewohnt, sie mochte das Haus, in dem wir manchen Sommer verbracht hatten. Doch ideal waren auch da die räumliche Anordnung und die Lage am Hügel nicht. Es gab Stufen und Treppen im Haus, der Weg zur Stadt fiel steil ab und zog sich an einem freien Feld entlang, im Winter, bei Regen für Pippa mit dem Elektrorollstuhl kaum zu bewältigen. Doch wir rechneten, sprachen mit Mama und meinem Bruder. Sie war bereit, ins Altenheim zu ziehen, er seinen Anteil am Besitz an uns zu verkaufen. Ich entwarf Pläne, wie mit einfachsten Mitteln die Räume unseren Bedürfnissen angepasst werden konnten, und forderte Offerten für den Umbau an. Wir sprachen mit Vertretern der Bank über die Finanzierung, setzten einen Vertrag auf. Als die Vorbereitungen abgeschlossen waren, die Verträge ausgefertigt und nur noch die Unterschrift meines Bruders fehlte, zögerte er. Er meinte, vielleicht erhielte er am freien Markt doch einen besseren Preis, und wir studierten weiter die Wohnungsanzeigen.

In dieser Zeit besuchte ich oft Alex Melzer, einen Freund aus der Seminarzeit, der nach seinen Auslandsjahren in Laufenburg wohnte. Auf der Anhöhe des Bürersteigs, eines Passes über die Juraberge, blieben die Alltagssorgen um eine Wohnung, um neue Aufträge und die zunehmend schwierige Beziehung zu Anina zurück. All die Beschwernisse vermochten mir nicht in das zwischen einer sanften Hügellandschaft sich öffnende Tal zu folgen. Im Dunst der Ferne lag der Riegel des Schwarzwaldes, und beim Blick auf diese unverdorbene Landschaft erfasste mich ein Glücksgefühl, als wäre zwischen den Feldern und bewaldeten Höhen nichts von all dem geschehen, was auf der zurückliegenden Seite des Jura mich belastete. In der Altstadt von Laufenburg ging die Zeit einen langsameren Gang, und die Gassen und Häuser erinnerten mich an die Kindheit in Brugg. In Alex' Haus am Fluss, das ich »Wasserschlösschen« getauft hatte, umfing mich eine Atmosphäre der Weltläufigkeit. Möbel und Gegenstände erinnerten an seine Aufenthalte in Asien. Seine mit fremdsprachiger Literatur bestückte Bibliothek zeugte von einem weit gespannten literarischen Interesse, und die Bilder stammten von Künstlern, die er auf seinen Reisen entdeckt hatte und mit denen er seither in freundschaftlichem Kontakt stand. Alex hatte in Zusammenarbeit mit Regierungen, Behörden, Banken und Unternehmungen hinter die Kulissen politischer und wirtschaftlicher Machenschaften gesehen. Wie ich bei meinen frühen Romanen beschäftigte er sich mit der Frage ihrer literarischen Umsetzung. Die gemeinsamen Erfahrungen gaben uns Gesprächsstoff für Analysen großer Gesellschaftsentwicklungen und kleiner persönlicher Schwierigkeiten. Wir redeten über Bücher und Lektüren, über Wirtschaft und Politik. Gespräche von bereichernder Intensität, die wir fortsetzten, wenn wir nach einem Glas Portwein zum Spaziergang über die Grenzbrücke nach Deutschland aufbrachen. Er habe in der Nachbargasse ein Haus angesehen, das zum Verkauf stehe, sagte er, während wir über die Brücke gingen. Es sei, wie sein eigenes Haus, direkt am Wasser gelegen und nach seinem Urteil in gutem Zustand … Doch ich winkte ab, wollte nichts hören. Das Thema »Hauskauf«, sagte ich, sei ein für alle Mal erledigt, zumal Lenzburg ja nur infrage gekommen sei, weil ein Anteil an der Liegenschaft mir gehöre. Alex schwieg, sah in die Ferne, schloss einen mir nicht mitgeteilten Gedanken mit seiner Lieblingswendung ab: »Ich meine ja nur«

Während wir durch die Codman-Anlage am deutschen Rheinufer zu Maillarts Nepomuksäule schlenderten, nahm ich den Faden unseres Gesprächs wieder auf. Ich war eben in ein mir wichtiges Argument vertieft, als Alex mich am Arm fasste, übers Wasser zum Schweizer Ufer zeigte und sagte:

– Übrigens, das dort drüben, mit dem hellbraunen Holzvorbau, ist dieses Haus …

Ich schaute über den Strom, sah die beiden Veranden über der Terrasse, ein Dach wie eine schief gezogene Mütze und war augenblicklich meinem Bruder für sein

Zögern und seinen Rückzug dankbar: Es bräuchte Verhandlungen über den Kauf, ein, zwei Jahre für den Umbau, doch wir würden in diesem aus allen Winkeln gerutschten Haus künftig wohnen.

7

Ich besuchte Helmut Frielinghaus in Hamburg, und obwohl er den Luchterhand Literaturverlag verlassen hatte, arbeitete er mit mir am Manuskript »Osterholz« weiter. Der Roman müsse herauskommen, sagte er, ich solle mit meiner Agentin sprechen. Ruth Liepman hatte sich altershalber zurückgezogen, und es war nun Eva Koralnik, die sich bemühte, für den überarbeiteten Roman einen Verlag zu finden. Während ihrer Suche begann ich mit der Niederschrift eines neuen Manuskripts. »Osterholz« gehörte zu einem Zyklus mit den Romanen »Das Institut« und »Der Kongress«. Er verarbeitete Material aus einer Zeit, die wie eine private Antike abgetrennt zurücklag. Mich jedoch drängte es, an den Stoffen weiterzuarbeiten, die mein Leben in den Grundfesten verändert hatten. Mochte »Strandgut« auch abgelehnt worden sein, der Roman war dennoch ein weiterer Versuch gewesen, in das »Kratergebiet« vorzudringen. Auch wenn ich spürte, wie stark der Widerstand war, ich wollte und musste zurück zum Erlebnis jener Februarnacht finden, als Pippa mit dem Tod rang.

Bei meinem neuen Projekt kam ich ebenfalls nicht ohne intellektuellen Schutzanzug aus. Zur Frage bei »Strandgut«, was Wirklichkeit sei, kam nun ein Aspekt der Chaostheorie hinzu: Das, was wir erleben, ist zwar stets auch eine von uns mitgestaltete Realität, doch es sind die kaum beachteten Details – der Flügelschlag eines Schmetterlings –, welche die Stürme auslösen und zu abrupten Änderungen führen.

Im Roman »Ankou oder dieses plötzliche Aufheben der Zeit«, der später den Titel »Der Brief ans Meer« erhielt, besteigt Max Weidenbaum nach einem zufälligen Blick auf ein Reiseplakat einen anderen als den beabsichtigten Zug. Einem spontanen Einfall folgend will er seine frühere Freundin Sue in England besuchen, doch er kommt von der Route ab, bleibt auf halbem Weg in einem Fischerdorf der Bretagne hängen: Er glaubt, auf die Spur seines verschollenen Freundes Danioth gestoßen zu sein. Diese unwahrscheinliche Annahme beginnt sich zu verdichten, wird zu einer Wirklichkeit, deren Folgen – ein Ertrunkener wird angeschwemmt – Max Weidenbaum zwingen, die Aufzeichnungen seines verschollenen Freundes Danioth, die dieser ihm hinterlassen hat, endlich zu öffnen und zu lesen.

Danioth hatte vor seinem inneren Auge das Bild eines großen Wirbels, in dessen leerer Mitte diese eine Woche liegt, die er aufgezeichnet hat. Zukünftiges und Vergangenes stürzen auf diesen einen Punkt zu, da ›es passiert‹. Was er gelebt hat und die folgenden Jahre leben würde, steht unter der Anziehung dieses einen und einzigen Geschehnisses, dieser ›Passage –‹: Sie ist wie ein Durchgang: von einer Wirklichkeit in eine andere, von Ordnung zu Chaos, von Chaos zu Ordnung.

In einem Packen aus zufälligen Notizen, Zeitungsberichten, politischen Ereignissen, die den Wirbelsturm symbolisierten, konnte ich das Erlebnis jener Nacht im Februar wenigstens protokollarisch festhalten.

: Ich fühle eine aufkeimende Angst. Das Alarmieren der Sanität, das Öffentlichmachen, dass »es passiert« ist, bedeutet auch seine Verwirklichung –
: Doch (vorerst) die Verwirklichung im begrenzten Kreis Eingeweihter, der Routine und fallmäßigen Bearbeitung, die versuchen wird, gerade diese Verwirklichung aufzuheben. Ein scheinbarer Trost.
: Und dennoch stehe ich nur da, während die Sanitäter zupacken. Bin hilflos, bin ausgeschlossen. Sie wirken auf diesen kleinen Ausschnitt Dasein ein, Lea, die auf der Bettdecke liegt, den Kopf an der Ecke des IKEA-Schrankes – und es sind Hände, Decken und Gurte, auf die sich die Verwirklichung erstreckt – und doch schon nicht mehr meine Hände, meine Decken, meine Gurte …

Die Figur, die dies alles erlebt, Caspar Danioth, gibt es im Roman nicht. Sie ist verschollen, und manchmal wünschte ich mir, auch ich könnte jenes Erlebnis, das ich im Roman protokollierte, zurücklassen, wie Danioth es getan hatte. In ein Vergessen reisen, ohne Erinnerung an jene Februarnacht, die mich wie die Nachbilder eines mitverursachten Todes verfolgte.

Der Roman erschien unter dem Titel »Der Brief ans Meer« nach einer Zusammenarbeit mit einem Lektor, der ganz anders lektorierte, als ich es bisher kennengelernt hatte. Wir setzten uns nicht zusammen, um über einzelne Stellen und Sätze zu diskutieren. Er schickte mir ein Bündel Blätter, »hier die ersten fünfzig Seiten, weitere folgen«, Seiten mit Randnotizen, Streichungen und rätselhaften Wellenlinien unter einzelnen Passagen. Die Vorstellung eines durch mythischen Schöpfungsprozess geheiligten Textes konnte beim Betrachten der Seiten nicht mehr aufkommen. Dies waren Arbeitspapiere, sie trugen Arbeitsspuren, und schon ihr Anblick war eine Aufforderung, den Text nicht als abgeschlossen, sondern als Ausgangsmaterial eines erneuten Durcharbeitens zu betrachten. Ich war ziemlich empört, knurrte und schimpfte, war voller Ablehnung und Weigerung. Meine täglich gelebte »Weltblase aus Rhythmen, Klängen, Bilder und lang geformten Perioden« wurde zerfetzt, fiel in sich zusammen, vertrocknete zu Buchstaben und Sätzen, die offenbar Bemerkungen rechtfertigten wie »verstehe ich nicht«, »nicht schon wieder«, »hat man längst begriffen«. Ich jedoch begriff noch nicht wirklich, was ein Lektorat ist, ahnte erst die zentrale Funktion für das

Entstehen eines literarischen Textes, doch ich machte mich an die Arbeit, ging Wort für Wort, Satz für Satz den Text durch.

Vier Jahre hatte ich am Roman und dem Thema »des plötzlichen Aufhebens der Zeit« geschrieben, doch das Buch fand kein Echo. Der neue Verlagsleiter sagte bei einem Besuch in München, wohin Luchterhand nach erneutem Verkauf umgezogen war: Der »Brief ans Meer« sei in demselbigen untergegangen, er wüsste selbst nicht weshalb.

In mir und um mich breitete sich jedoch ein Gefühl aus, als Schriftsteller nicht wahrgenommen zu werden: Was immer ich bisher publiziert hatte, blieb folgenlos oder provozierte Ablehnung. Der naheliegende Gedanke, ich sei vielleicht für den Beruf eines Schriftstellers nicht geeignet oder begabt genug, streifte mich keinen Moment. Ich hatte Schauspieler werden wollen, und als ich einsehen musste, dass nichts aus der Bühnenlaufbahn werden würde, kamen die Wörter zu mir, lösten sich während eines Spaziergangs aus Kastanienstämmen, Felsen, Farn. Es waren einfache Wörter, doch sie wollten aufgeschrieben werden, und aus ihnen entstand ein Gedicht. Ich hatte sie nicht gesucht, wie ich auch später die Stoffe nicht suchen musste. Sie drängten sich mir auf. Wieso sollte ich da an mir zweifeln? Umso unverständlicher war mir, weshalb meine Texte abgelehnt wurden. In meiner Not stellte ich eine Gedichtsammlung unter dem Titel »... dass ich vorhanden bin« zusammen. Es sollte ein Signal aus dem Vakuum empfundener Nichtbeachtung sein. Doch ich ließ die Sammlung in der Schublade.

8

Calderón de la Barcas »Das große Welttheater« wurde seit Anfang des letzten Jahrhunderts alle paar Jahre auf dem Klosterplatz des Stifts Einsiedeln aufgeführt: Eine Veranstaltung, bei der das ganze Dorf und seine Umgebung teilnahm, sei es als Schauspieler, Techniker oder Organisatoren. Es brauchte Leute für die Kostümschneiderei, für die Schminke, die Werbung, die Verkehrssicherheit – und selbst der Abt des Klosters hatte eine Aufgabe. Er übergab während eines Festaktes die Rollen den ausgewählten Schauspielern, erteilte ihnen den geistigen Auftrag, den sie im Spiel zu erfüllen hatten.

Dieter Bitterli war zum Regisseur der nächsten Inszenierung gewählt worden, und er fragte mich an, ob ich als Dramaturg mit ihm das Regiekonzept und die Umsetzung erarbeiten wolle. Dieter Bitterli gehörte zu den Regisseuren, die ihr Konzept nicht in der Destruktion suchten, wie es Anfang der neunziger Jahre Mode war. Ihn interessierte ein archäologisches Vorgehen, das den Text Schicht um Schicht freilegte, in die Tiefe arbeitete, um durch akribische Feinarbeit zwischen den Zeilen zu Entdeckungen zu kommen, die unter den Schichten des »Altbekannten« lagen. Aus diesen Fundstücken leuchtete ein neues, eigenes Licht im Text auf und inspirierte seine Umsetzung zu Handlungsabläufen auf der Bühne. Dieter Bitterli und ich trafen uns in Zürich, dann wieder in Einsiedeln, wir schritten den Klosterplatz ab, saßen in einer Wohnung, die ihm zur Verfügung gestellt worden war, studierten stunden- und tageweise den Text. Dieter war ein unerbittlicher Frager, und sein Wissensdrang trieb die Bohrungen stets mit der Bemerkung voran, was die Wörter und die Sätze denn »genau« bedeuteten. Ich besorgte mir das spanische Original, legte neben die Übersetzung von Eichendorff eine wörtliche, fand viele Stellen, die im Vergleich zum Spanischen weich, zu süßlich klangen, nicht die Härte und Klarheit des Originals hatten. Ich schrieb Verse und ganze Passagen neu, und in der Zeit, da ich mit meinen eigenen Arbeiten kaum Beachtung fand, war es befreiend, in einen »großen Text« einzutauchen, in seinen Zeilen und Worten zu verweilen, nach Bedeutungen und Bezügen zu forschen, Zeitanalyse zu betreiben und die theologischen Stratigrafien zu studieren.

Vielleicht brauchte es den unvoreingenommenen Willen, in die Tiefenschichten des katholischen Weltgebäudes eines Calderón de la Barca vorzudringen, um das Großartige dieses Daseinsentwurfs erneut zu erkennen. Beide waren wir erstaunt, auf eine Spiritualität zu stoßen, die uns eine Weite der Gedanken aufschloss: »Und vergesset im Verwandeln, / Dass ein jeder durch sein Handeln, /

Nur die Vorstellung wird geben, / Glaubt er auch, es sei das Leben.« Und dieses »Leben«, an das wir alle glauben sollten, wurde seit der politischen »Wende« immer ausschließlicher über Geld bestimmt. Eine Enge wurde spürbar, die in allem und jedem nur noch die Frage zuließ, was etwas koste, ob es rentiere und wie viel es bringe. Die Antworten mussten Zahlen sein, und gegen diese ließ sich schwer argumentieren, außer mit noch besseren, größeren Zahlen, die aber fatalerweise die Richtigkeit des ökonomischen Argumentes bestätigten. In meiner Tätigkeit als Präsident der »Theaterschaffenden der Schweiz« wurde ich in jedem Gespräch ausschließlich mit dem ökonomischen Nutzen konfrontiert und war erschüttert, als auch die Künstler selber mit den wirtschaftlichen Folgen ihrer Werke zu argumentieren begannen. Qualität maß sich am Ertrag, und auch unsere Aufführung musste »was bringen«, Zuschauer, Übernachtungen, Konsumationen, zumal im Dorf spürbar war, dass es Gruppen gab, die von dem »alten Zeug« nicht mehr viel hielten. Sie behaupteten, Calderón sei katholischer Mief, der nicht mehr in unsere Zeit passe, man müsse ein moderneres Stück finden und keines mehr aufführen, in dem es einen Meister, Engel, die Welt und eine Schönheit gab.

Zu jeder dieser Figuren schrieb ich im Programmbuch einen charakterisierenden Text mit drei Stichworten als Einleitung:

Der Bettler

»Armut«, Entblößung, Rebellion

Die nackte Existenz: ein Mensch, der nichts hat, außer dem Dasein selbst. Entblößt ist er nicht nur von den materiellen Gütern, entkleidet ist er auch von Stand und Ehre, Herkunft, Land, Heim und Gemeinschaft. Er ist ein Flüchtling – »Nomade« entlang des Reichtums der anderen. (…)

Mitten in der Vorbereitung wurde ich selbst ein Flüchtender und Einsiedeln ein Fluchtort, zu dem ich öfter als notwendig fuhr. Ich fühlte mich an diesem alten Pilgerort sicher vor Erinnerungen und Assoziationen, die mich in einen ähnlichen Zustand zurückwarfen wie zur Zeit von Pippas Koma. Damals konnte ich nicht mehr schreiben und lesen, jetzt war es mir unmöglich, einen Großteil meines Wohnortes, der Stadt Baden, zu betreten.

Anina hatte die Prüfung zum Jahreskurs an der Pädagogischen Hochschule bestanden, sie würde im nächsten Frühjahr mit der Ausbildung beginnen. Die anstrengende und spannungsreiche Zeit der Vorbereitung war zu Ende. Wir besuchten Aninas Eltern und fuhren danach auf ein verlängertes Wochenende ins Tessin, in ein Dorf nahe bei Ponte Brolla. Der Albergo lag mitten im Dorf, unweit der

Kirche, war ein altes Steinhaus mit einem geschlossenen Hof, in dem man draußen sitzen und essen konnte. Während Anina ruhte, spielte ich mit Guy, saß mit ihm vor dem Aquarium, und wir vergnügten uns mit der Frage, warum die Fische Wasser atmen und fliegen können, obwohl sie keine Federn haben.

Am Sonntag stiegen wir die Berglehne auf einem alten Kreuzweg hoch, den zu gehen der Besitzer des Hotels empfohlen hatte. Der Pfad führte zwischen Steinmauern und Gemüsegärten in einen lichten Wald, zog sich in Schlaufen zu den Kreuzstöcken, und Guy öffnete mir durch die Langsamkeit, mit der wir mit ihm über die Trittsteine hochstiegen, den Blick für die ungesehenen Dinge. Alle paar Schritte hockten wir uns am Wegrand hin, untersuchten Steinritzen, Moos- und Flechtenwälder, und es war ein wenig so wie zur Zeit meiner archäologischen Forschungen als Schüler, nur dass hier das Betrachten um seiner selbst willen geschah: Ich entdeckte, wie viel Unbeachtetes es für mich noch immer gab, das durch keine Vorstellung, durch keinen Namen belegt war und dadurch den Reiz eines erstmaligen Schauens hatte.

Am Abend nach dem verlängerten Wochenende ging ich zu Anina, und nach dem Nachtessen machten wir einen Spaziergang auf der alten Kurpromenade entlang der Limmat. Wir hatten Trudels Tränenbrunnen noch nicht erreicht, als Anina sagte, sie wolle mich nicht mehr sehen, sie habe mich nicht geliebt, und sie wolle auch nicht, dass ich noch Kontakt zu Guy halte. Dann wandte sie sich ab, ließ mich stehen, ging den Weg zurück, ohne sich umzuwenden.

Ich bin zwischen drei und vier Uhr früh erwacht und sah in eine lehmige Schattenwelt aus Umrissen und Andeutungen. Ein orangefarbenes Lichtmuster der Straßenleuchten lag auf dem Bücherregal, vereinzelt waren Autos zu hören – und ich spürte einen Schwindel, der sich zu einem Wirbel verstärkte, mich nach einer Seite hinzog, sich rascher und rascher drehte. Ich versuchte, mich mit den Händen an der Matratze festzuklammern, doch die Arme gehorchten nicht. Eine Übelkeit schoss in mir hoch wie auf einer dieser grässlichen Drehbahnen, in die man mich als Kind gesetzt hatte. Und im letzten Moment, bevor ich das Bewusstsein verlor, hörte ich Guys Stimme, wie er rief, wenn ihm etwas gefiel: Oi, wie schoin!

So notierte ich am nächsten Morgen, und ich glaubte eine Ähnlichkeit mit jener schon Jahre zurückliegenden Februarnacht von Pippas Erkrankung zu erkennen. Auch damals hatte ich in das dämmrige Zimmer, auf die schattenhaften Umrisse geblickt, ohne zu wissen, was geschah – nur dass ich jetzt der Betroffene war. Als ich gegen Mittag wie gewöhnlich das Haus verließ, um durch die Bahnhofsunterführung hinüber zu den Ladengeschäften und der Einkaufsstraße zu gehen, kurz vor der Treppe, durch die Licht hinab ins Schattendunkel fiel, gehorchten die Beine nicht mehr. Ich stockte, begann zu zittern, Schweiß brach aus. Ich versuchte über einen Umweg zur Geschäftsstraße zu gelangen, doch bevor ich sie erreichte, stellten sich wiederum das Schwitzen und Zittern ein, vermochte ich nicht weiterzugehen. Der Teil der Stadt, in dem Anina und ich uns oft aufgehalten hatten, in dem die Restaurants und Geschäfte lagen, die wir besucht hatten und wo sie wohnte, war unbetretbares Gebiet geworden.

Wie ließe sich mit dieser Art von Sperrzone umgehen, die nicht eine innere, unzugängliche »Kraterlandschaft« war, sondern einen Teil der Stadt betraf? Ich versuchte jeden Tag, an verschiedenen Stellen über die Grenzlinie zu gehen, konzentrierte mich aufs Zählen der Schritte, zwang mich, ein paar Meter tief in das Gebiet panischer Angst einzudringen. Ein- oder zweimal die Woche fuhr ich ins Pilgerdorf, auch wenn kein Treffen mit Dieter Bitterli vereinbart war, setzte mich in ein Café, lief befreit durch die Straßen, ohne befürchten zu müssen, Anina zu treffen oder durch Orte an sie und unsere Geschichte erinnert zu werden. Ungeduldig wartete ich auf den Umzug nach Laufenburg. Auch wenn mir nach Wochen gelungen war, wieder durch die zuvor unzugänglichen Straßen und Plätze zu gehen, die Furcht vor einer Begegnung mit Anina war geblieben.

9

Ich begann Notizen zu einem Roman zu machen, in den meine Erfahrungen mit Anina einfließen sollten, und dabei ergab sich ein möglicher Handlungsverlauf:

Elio Hug, Mitbesitzer eines Architekturbüros, entdeckt eines Abends auf dem Nachhauseweg ein hell erleuchtetes Fenster, in ihm eine Frau. Er steigt vom Weg zu einer Kastanie hoch, um eine bessere Einsicht zu haben – und der Blick in die fremde Intimität wird zur Sucht. Ihn fasziniert, in ein Stück erhellten Alltags zu blicken, der Frau zuzuschauen, wie sie in ihrer Küche so einfache, unspektakuläre Tätigkeiten verrichtet wie Kochen, Geschirrspülen, einen Kaffee trinken – ohne sich des beobachtenden Blicks bewusst zu sein. Doch allmählich gibt es Anzeichen, dass noch jemand anderer in der Wohnung sein muss, wahrscheinlich ein Kleinkind, und auch Elio Hug selbst bleibt in seinem abendlichen Versteck bei der Kastanie nicht unentdeckt: Er wird aus einem Nebenhaus ebenso beobachtet. Als er es bemerkt, die junge Frau offensichtlich Kenntnis von einem »Voyeur« erhalten hat, glaubt er sich erklären zu müssen. Er tritt in einem Café, das die junge

Frau besucht, an ihren Tisch, gesteht ihr, dass er derjenige sei, der allabendlich bei ihren Verrichtungen zusehe – aus Sehnsucht nach Alltäglichkeit. Seit dem Suizid seiner Frau lebe er zurückgezogen und allein. Elio fürchtet, bei einer neuen Bekanntschaft könnte wiederum geschehen, was bei seiner Frau Gardi geschehen ist. Nach zwei Jahren ihrer Ehe war immer öfter jener Blick in seine Augen gekommen, den er nach einem Gedicht, das er als Student übersetzt hatte, den »Schlangenblick« nannte: *Ach diese Blicke, / die Blicke der Schlange, / die ihr Opfer sucht* –. Und Gardi ist sein Opfer geworden, als sie in dem kleinen Wasserlauf den Tod suchte.

Ich hatte noch nie jemandem erzählt, mit welcher Berechnung ich Gardi in den Selbstmord trieb. Ich gestand es ja nicht einmal mir selbst ein. Wie hätte ich der jungen Frau denn erklären können, durch welchen geringfügigen, lächerlichen Anlass dieser kalte, fremde Blick in meine Augen kam? Dieser Hass, wenn ich mich verraten und verlassen fühlte.

Ich beabsichtigte, eine Figur zu zeichnen, die sehr wohl weiß, dass sie sich rächt und befreit, um ungehindert ihren Weg zu gehen, ein Thema, in dem noch immer die Mitschuld an Pippas Erkrankung mitschwang. Doch nicht Elio sollte die junge Frau, sondern diese ihn zerstören. Während ich an dem Stoff arbeitete, begann er mir zu entgleiten. Durch die Bekanntschaft mit der jungen Mutter und ihrem Sohn begann Elio Hug sich mit der eigenen Familiengeschichte zu beschäftigen, tauchte mehr und mehr in sie ein, wie ich es nicht beabsichtigt hatte. Statt von sich zu reden, erzählte er der jungen Frau von seiner vornehmen Verwandtschaft, von den Ducommuns, gebildeten Großbürgern, die einen Friedensnobelpreisträger in der Ahnenreihe besaßen. Während des Schreibens erinnerte ich mich: Mutter hatte tatsächlich eine Lausanner Verwandtschaft gehabt, die ich allerdings nicht kennengelernt hatte. Nein, es waren keine Ducommuns, und es gab in der Familie auch keinen Nobelpreisträger. Doch Mutter hatte ihren Onkel gekannt, den »Commendatore della Corona d'Italia«, war oft zu Gast im vornehmen Haushalt ihrer Tante gewesen. Und wenn Elio Hug väterlicherseits aus einem handwerklich, kleinunternehmerischen Milieu stammte und sein Vater es zu einem Bau- und Immobilienunternehmen gebracht hatte, das zunehmend in finanzielle Schieflage geriet, so schrieb sich mein Text auch in diesen Passagen entlang meiner eigenen Familiengeschichte.

Einen ersten Entwurf schickte ich an meinen Lektor und erhielt den Bescheid, dass der Verlag an dem Manuskript kein Interesse habe, auch auf eine weitere Zusammenarbeit verzichte, meine Arbeit entspreche nicht der neuen Programmlinie. Die Ablehnung zwang mich, das Manuskript zu überprüfen, mich mit ihm kritisch auseinanderzusetzen. Zwar schrieb ich an dem Stoff weiter, doch ich spürte, dass sich in ihm ein sehr viel umfassenderes Material verbarg: die Geschichte meiner Familie. Ohne die Arbeit am Roman »Schlangenblick«, der Zeit, die ich mit Guy und Anina verbracht hatte, dem Schock des unerwarteten Bruchs, wäre ich nicht auf den Konflikt gestoßen, der in den beiden unterschiedlichen, sich feindlich gesinnten Herkommen meiner Eltern wurzelte: dem verarmten Großbürgertum der mütterlichen Familie und dem zu Wohlstand gekommenen Industriellen-Milieu der väterlichen Seite. Mir wäre eine mich befremdende Entdeckung entgangen, und ich hätte auch weiterhin eine zentrale Figur meiner eigenen Biographie übersehen. Stets hatte ich mich mit meinem Vater beschäftigt, doch während ich über meine Eltern nachdachte, mich an die Zeit in Brugg erinnerte – ich war damals so alt wie Guy –, sah ich in deutlichen Schwarzweißbildern meinen Vater im ledernen Offiziersmantel, meinen Bruder mit seinem ersten Fahrrad, die Nachbarskinder, mit denen ich spielte, oder die Großeltern in ihrer sonntäglichen Kleidung. Meine Mutter aber sah ich nicht. Sie fehlte in den Bildern, war die Abwesende. Sie gab es nicht, und ich hatte dafür keine Erklärung. Erst in Suhr, während ich zur Schule ging, prägte sie sich deutlich in mein Erinnern ein: Mutter sitzt auf dem Kanapee, die Beine schräg übereinandergeschlagen, führt mit einer eleganten Bewegung die Zigarette zum Mund. Es riecht nach türkischem Kaffee, und Mamas Blick ist in die Ferne gerichtet, wie sie es stets tat, wenn sie an Bukarest und ihre Kindheit und Jugend dachte.

Ich brach die Arbeit am Roman »Schlangenblick« ab.

Wenn ich auch noch nicht wusste, wie ich Tür und Schlüssel fände, ich musste in die Dunkelkammer meiner Familiengeschichte eindringen. Vielleicht konnte mir die Figur helfen, die ich stets übersehen hatte, weil sie fehlte, in keiner der frühen Erinnerungen vorhanden und das »fehlende Gesicht« war: meine Mutter.

TEIL III

Die Schlüssel zur Kammer

1

Nach der Fahrt am Morgen des Umzugs von Baden nach Laufenburg setzte ich mich ermüdet auf eine Bücherkiste, schaute durch das Fenster der Veranda auf den Fluss, der noch dunkel vom Schatten der Häuser vorbeizog. Auf seiner Oberfläche veränderten sich die Strömungsfiguren, an deren Rändern Lichtreflexe aufleuchteten – und ich sah diesem sich dauernd wandelnden Formspiel zu und dachte, dass ich hier jetzt wohnte, dies der Ort sein würde, an dem ich mein künftiges Leben verbrächte, in den beiden Zimmern unterm Dach, mit Blick auf den Strom.

Nachdem Alex Melzer bei unserem gemeinsamen Spaziergang auf das Haus gezeigt hatte, das mit hoher Terrassenmauer über dem Wasser stand, hatte ich Pippa und ihre Schwester gebeten, es sich anzusehen: Die räumlichen Gegebenheiten entsprachen unseren Bedürfnissen. Zu ebener Erde ließe sich für Pippa ein Zimmer mit Ausgang zur Terrasse einrichten, dazu die Küche und einen Gemeinschaftsraum. Ihre Schwester und ich erhielten je ein Stockwerk mit zwei Zimmern und einer Veranda. Pippa fände Kontakte in der Altstadt, könnte mit ihrem

Elektro-Rollstuhl zum Einkaufen fahren, die Grenze passieren, sogar ins Ausland, »nach Europa fahren«, wie wir scherzhaft sagten. Das Haus war zu finanzieren, und so beschlossen wir, es zu kaufen. Allerdings übersahen wir bei Vertragsabschluss einen Passus: Das oberste Stockwerk war an eine Frau mit unkündbarem Vertrag vermietet, der auch bei Besitzerwechsel und Eigenbedarf nicht sofort aufzulösen war. Drei Jahre warteten wir, und ich versuchte, Erdgeschoss und erstes Stockwerk zu vermieten. Doch niemand wollte in das Altstadthaus einziehen, obwohl wir kaum Miete verlangten. Eines Tages jedoch stand ein kleiner, rundlicher Mann mit Mütze auf der Gasse, sah mich aus seinen hellen, von tiefen Falten umzogenen Augen an, legte die Hand aufs Herz und sagte, er sei Muslim, deshalb ein ehrlicher Mann, und er gebe mir eine Monatsmiete im Voraus, wenn ich ihm die Wohnung überließe. Vater Muhaxheri zog mit Frau und zwei Kindern ein, doch schon nach wenigen Wochen füllten sich die Zimmer, kamen weitere Frauen und Kinder dazu, und die jungen Väter, lauter Muhaxheris, waren sehr darauf bedacht, mir Mauerrisse, einen Wasserfleck, eine Stelle mit bröckelndem Verputz zu zeigen, die »ganz bestimmt nicht« durch ihre Familien verursacht seien. Ich betrat die reinlichen Räume, die karg mit dem Notwendigsten eingerichtet waren und eine Atmosphäre ordentlicher Einfachheit ausstrahlten, wie ich sie aus meiner Kindheit von Besuchen bei Schulkameraden her kannte.

Durch die Jahre entstand ein freundschaftliches Verhältnis zu unseren Mietern, besonders zum ältesten Sohn Brahim, dem Oberhaupt der Familie. Als es an den Umbau des Hauses ging, bot er an, uns zu helfen. Mit dem Architekten wurde ausgemacht, dass ich die Bauleitung übernehmen solle. Ich stapfte hinter Claudius Christ her – ein »fyrnähmer« Herr aus altem Basler Geschlecht, spezialisiert auf Umbauten von Altstadtliegenschaften, den ich dank der Vermittlung einer Schriftstellerkollegin gefunden hatte. Er legte großen Wert auf das Erhalten der alten Struktur, kommentierte, wie er sie mit unseren Bedürfnissen in Einklang bringen wolle und welche Materialien dazu notwendig seien. Ich notierte »mit Reißblei«, wie er den Bleistift nannte, Firmennamen, Mengen und Fabrikate, von denen ich nicht wusste, wie man sie korrekt schrieb. Für Brahim waren das alles Selbstverständlichkeiten, und es bildete sich rasch eine Arbeitsgemeinschaft heraus, von der wir beide profitierten: Er besaß, wozu mir die Fähigkeit fehlte, das handwerkliche Geschick, und ich konnte mit Leichtigkeit, was ihm schwerfiel, amtliche Schreiben beantworten. Wir waren jahrelang ein gutes Team, und es tat weh, als Brahim, der ein Freund geworden war, an einem Abend zusammenbrach und in nur wenigen Wochen als noch junger Mann an Krebs starb.

Fast ein Dreivierteljahr dauerte der Umbau, ging gemächlich und mit immer neuen Überraschungen vor sich. Ein Eichenbalken erwies sich als morsch bei den Auflagern, unter Decken und Böden kamen alte Brandschäden zum

Vorschein, bei einem Durchbruch musste ein Stahlträger eingezogen werden. Ich erzählte von den mir neuen Erfahrungen während meiner Besuche bei Mutter. Sie hatte schon immer ein »Faible« für Wohnungen und deren Einrichtung gehabt. Sie wäre gerne Innenarchitektin geworden, wie sie gelegentlich erwähnte, und so hatte ich eine aufmerksame Zuhörerin, die Anteil am Umbau nahm, wenn ich berichtete, wie wir versuchten, bestehende Materialien wiederzuverwenden. Die räumliche Anordnung sollte durch möglichst wenige Eingriffe verändert werden, auch weil die Mittel für den Umbau kaum ausreichten. Bevor wir einzogen, musste die behindertengerechte Nasszelle fertig sein, es brauchte eine automatische Türöffnung, damit Pippa ins Haus gelangen konnte. Vergessen ging, den Gehsteig abzusenken, was noch dringend vor unserem Umzug gemacht werden musste.

An einem frühsommerlichen Tag holte ich Mutter ab, um ihr unser Haus und wie wir es eingerichtet hatten, zu zeigen. Ich öffnete mit Knopfdruck die automatische Haustür, und Mama betrat in einem leichten Kostüm, mit Stock und Handtasche den gemeinschaftlichen Ess- und Küchenbereich. Sie sah sich im schattigen Erdgeschoss um, ging durch Pippas Zimmer, blickte hinaus auf die Terrasse und den Strom, sagte, mit einem Unterton von Enttäuschung:

– Ich habe mir alles ganz anders vorgestellt!

Durch Mamas Bemerkung sah ich für einen Augenblick Großmutter Schmits, Mamas Mutter, im Gegenlicht der Terrassentür stehen: dunkel gekleidet, in sehr gerader Haltung, von würdevoller Schwere. Die Worte, die Mama eben gesagt hatte, waren Großmutters Worte, und sie ließen mich augenblicklich eine familiäre Eigenheit erkennen, die in abgewandelter Form auch ich besaß.

Großmutter Schmits war die Urahnin beständiger Unzufriedenheit. Die Dinge hatten die unangenehme Eigenschaft, sich nicht nach ihren Wünschen zu richten. Ihnen wohnte eine Unbotmäßigkeit von zäher Beharrlichkeit inne. Sie weigerten sich, so zu sein, wie sie nach Großmutters Ansicht sein sollten, nämlich vollkommen, bestimmt aber angenehmer, als sie waren.

Mutter, die ebenso wenig die Dinge, wie sie waren, akzeptieren konnte, zog sich im Gegensatz zu ihrer Mutter in die Vergangenheit zurück. In dieser war die Welt noch gewesen, wie man sie sich wünschte und zu erinnern glaubte.

Ich selbst liebte die Arbeit mit der Sprache auch deshalb, weil sich eine bauliche Umgestaltung durch Formulieren durchführen ließ, ohne sie gegen den zähen Widerstand von Bauteilen mit Hammer und Nagel durchsetzen zu müssen.

Durch Mamas Bemerkung, sie habe sich das alles ganz anders vorgestellt, war mir augenblicklich eine familiäre Eigenheit bewusst geworden, die über Generationen hinweg bestimmte Verhaltensweisen in der Familie miteinander verband. Genau solch eine Aussage, eine Bemerkung oder einen Satz bräuchte ich, um in den Stoff der

Familiengeschichte eindringen und in dem Material eine Struktur erkennen zu können. So sehr ich mich bisher bemühte, es fehlte mir der Schlüssel, der die Dunkelkammer öffnete. Wer außer Mutter konnte ihn mir geben? Sie war die Letzte der Familie, die aus eigener Anschauung die Zeit vor dem Zweiten Weltkrieg erlebt hatte, als sie ihren Mann und seine Familie kennenlernte. Und wer, wenn nicht sie, konnte mir den Hinweis geben, weshalb sie später für mich – aber auch für meinen Bruder, wie er mir bestätigte – »unsichtbar« geworden war?

2

Als Mitglied der Theaterkommission der Stadt Zürich sah ich mir zwei-, dreimal die Woche eine Aufführung an. Der neue, längere Arbeitsweg brachte es mit sich, dass ich kaum einmal vor Mitternacht nach Hause kam. Es ging nicht an, am Ende der Vorstellung gleich wegzufahren. Es hätte bedeutet, einer Begegnung mit den Schauspielern oder dem Regisseur aus dem Weg zu gehen, mich nicht äußern zu wollen, weil das Gesehene nicht überzeugte. So blieb ich, bis die Theaterleute ins Foyer kamen, wir vorsichtig und mit Respekt über das Stück und seine Realisierung sprachen.

An einem Abend im Herbst besuchte ich die Vorstellung von Franziska Bodmer in einem Zürcher Gemeinschaftszentrum. Ihr Soloprogramm »Omoluk« hatte ich vor einigen Jahren gesehen. Ich wollte mir die Aufführung nochmals anschauen, da ich sie als außergewöhnlich dicht und poetisch in Erinnerung hatte. Hinter den Stuhlreihen setzte ich mich auf einen Tisch, von dem aus ich über die Köpfe hinweg eine freie Sicht auf die Bühne hatte.

Das Saallicht war bereits erloschen, die Eingangsmusik

spielte, als eine zu spät kommende Zuschauerin neben mich auf den Tisch schlüpfte, während die Scheinwerfer aufleuchteten. Ein Sack hing auf der Bühne, und Omoluk, die Titelfigur des Stücks, regte, bewegte sich darin, befreite sich und schaute verwundert in die Welt, die es zu entdecken galt – und während ich gebannt Franziska Bodmers artistischen Nummern folgte, ihre Präzision und physische Präsenz beobachtete, fühlte ich mich irritiert durch die Nähe der Zuschauerin neben mir. Eine Spannung baute sich zwischen uns auf, die ich nicht einordnen konnte, jedoch körperlich spürbar war und die Aufmerksamkeit vom Geschehen auf der Bühne abzulenken drohte. Mitten im Stück erlosch das Scheinwerferlicht, waren Dunkelheit und Stille im Saal, und nach einem Moment der Verunsicherung wurde das Saallicht eingeschaltet. Eine Panne sei eingetreten, wurde uns gesagt, und ich blickte zu der Zuschauerin neben mir. Ich hatte sie vor langer Zeit in einem Stück der »paradogs« auf der Bühne gesehen, wir waren uns bei Tagungen der »Vereinigten Theaterschaffenden der Schweiz« begegnet, doch an ihren Namen – Monique Schnyder – konnte ich mich nicht mehr erinnern. Klar wisse sie, wer ich sei, sagte sie. Letzten Monat habe sie an meinem Dramaturgiekurs am »Theaterhaus Gessnerallee« teilgenommen, und wir gingen ins Foyer eine Tasse Kaffee trinken. Während wir auf den Wiederbeginn der Vorstellung warteten, richtete uns eine wachsende Anziehung zueinander aus, und dieses Magnetfeld stellte sich nach Ende des Stücks augenblicklich wieder her, umschloss uns mit einer Hülle gegenseitiger Aufmerksamkeit, außerhalb der nichts mehr existierte. Wir redeten und redeten, ohne Freunde und Bekannte zu bemerken, die jedoch sehr wohl uns amüsiert beobachteten, wie sie mir später spöttisch berichteten. Es sei eine ganz und gar eigene Vorstellung gewesen, die wir gegeben hätten, sagte Alex Melzer, »er meine ja nur …«

Ich stand jeweils um fünf Uhr – im Winter etwas später – am Morgen auf, kochte mir eine Tasse Kaffee, trank sie auf der Veranda zur Lektüre eines geschichtlichen oder philosophischen Werks, sah auf den Fluss und ließ ihn während der Tai-Chi-Übung durch mich fließen. Danach setzte ich mich an den Schreibtisch. Ich schrieb – und nichts auf der Welt konnte wichtiger oder dringender sein. Selbst bei Reisen, Ferien oder den wiederkehrenden Arbeitswochenenden hielt ich mich an die Arbeitsweise, aus dem Schlaf heraus, durch Kaffee, kurze Lektüre und die konzentrierende Übung des Tai Chi in das noch Unbenannte aufzubrechen, zu schreiben, bis die Konzentration brach. Einzig für Pippa ließ ich augenblicklich alle Arbeit liegen. Seit jener Nacht im Februar hatte ich eine tiefe Angst um sie. Rief sie mich zu einer ungewohnten Zeit, schoss die Panik in mir hoch, sie könnte wieder am Boden liegen, den Kopf an der Ecke des Kleiderschranks, flüstern »densch feuchtschen Waschlapschen«.

Es hatte einen frühen Versuch gegeben, Teile meiner Familiengeschichte in eine Erzählung zu fassen. Der Titel war »Flusswirbel« gewesen, und ich hatte den Text auf die Rückseite von Plakaten geschrieben, die für die Aufführung »Die Stühle« von Ionesco im »Theater an der Winkelwiese« warben: ein Szenefoto von Pippa und Urs Bihler in Schwarz-Weiß. Das war in der Zeit meiner Arbeit am Nachlass von Adrien Turel gewesen, doch dann hatte ich den Stoff verloren. Jetzt spürte ich erneut dem Erzählraum der Kindheit und Jugend meiner Mutter in Rumänien nach. In ihm gab es Anekdoten, überlieferte Episoden, Namen von Orten und befreundeten Menschen, auch rumänische Sprachbrocken, doch all diese Stücke blieben unverbunden: Es gab keinen Kern, von dem aus sich erzählen ließ. Die an mich weitergegebenen Geschichten reichten für den Zugriff nicht aus. Es fehlte mir noch ein Stück eigenen Erlebens, das den Stoff über das »vom Hörensagen« Erinnerte hinaushob, in einen größeren, auch allgemeineren Zusammenhang brachte, den ich jedoch nicht zu erkennen vermochte.

Ich war überzeugt, nach den Kategorien Turgenjews sei mein Stoff nicht bloß Jute, sondern ein Stück »von der wenigen Seide, die wir haben«. Doch wie der russische Dichter geraten hatte, sollte man sehr vorsichtig beim Zuschneiden sein. Ohne Schnittmuster ließe sich das kostbare Tuch nur verderben. Doch eben dieses Schnittmuster fehlte mir. Was also sollte ich tun? In mir hatte sich die Überzeugung verfestigt, dass allein Mutter durch eine mir noch unbekannte Tatsache den Erzählraum öffnen würde. Ich entschloss mich, zu warten. Doch wie lange würde Mutter noch da sein? Wie viel Zeit bliebe? Mama war neunundachtzig Jahre alt geworden. Manövrierte ich nach einem Besuch in Lenzburg mein Auto aus der Zufahrt, bog rückwärts in die Straße ein, um hügelab nach Hause zu fahren, stand Mama während des Wendens vor dem Haus, leicht auf den Stock gestützt, in Rock und Bluse, das Gesicht unbeweglich unter dem aschblonden Haar. Sie lächelte nicht, schaute nur, mit offenem Blick unter hochgewölbten Brauen, und ich fragte mich bei einem letzten Zuwinken, wann es sein werde, dass ich sie nicht mehr dort stehen sähe, und ob das jetzt nicht bereits das letzte Mal gewesen sei. Mich abzuwenden, den Fuß vom Bremspedal zu nehmen, nach vorne, auf die Straße zu schauen, ließ einen Schmerz in mir hochkommen.

Während ich auf einen entscheidenden Hinweis wartete, erinnerte ich mich an den fernen Nachmittag in Ponte Brolla, als ich an einem Nachmittag den Pfad durch den Kastanienhain hoch zu einer Kapelle eingeschlagen hatte. Auf dem Weg dorthin fand ich die Worte zu meinem ersten Gedicht, doch oben angelangt, stand ich vor einer verschlossenen Tür. Damals war ein starker, mich überwältigender Gedanke gewesen, ich müsste diesen Raum irgendwann in meinem Leben öffnen, auch wenn ich nicht gewusst hatte, was ich in ihm vorfinden sollte und wie ich jemals an den Schlüssel käme. Nun glaubte ich zu wissen, dass der verschlossene Raum für die Dunkelkammer meiner Familiengeschichte gestanden hatte. Doch der Zugang zu ihr blieb, wie damals die Tür zur Kapelle, verschlossen.

3

Mutter hatte als Folge ihrer Herkunft »alte Nerven«, wie sie gelegentlich zu sagen pflegte. Durch die verfeinerte Lebensart ihrer Familie habe sie eine empfindlichere Wahrnehmung als üblich, reagiere dadurch auch empfindlicher auf Störungen. Die Geschwindigkeit des modernen Lebens, die Flut neuer Eindrücke, die Hetze im Alltag seien mit ihren »alten Nerven« schlecht zu bewältigen. Dazu komme das Ärgernis, sich mit Menschen ins Einvernehmen setzen zu müssen, die »das erste Mal auf der Welt« waren, wie sie sagte, die »neue Nerven« und eine Unempfindlichkeit besaßen, die sie vielleicht vor vielem verschonte, jedoch keine Verfeinerung zuließ. Die Fähigkeit, sich jeder gesellschaftlichen Situation gewachsen zu zeigen, so war sie überzeugt, setze eine Selbstformung voraus, die in einer einzigen Existenz kaum zu erwerben sei. Und Mama kannte selbstverständlich ihre früheren Leben, die sie durchlaufen hatte, bevor das Schicksal sie zur Emigrantin aus der Epoche großbürgerlichen Daseins bestimmt hatte. Sie habe, so erzählte sie mir, bereits im achten Jahrhundert auf einem Gutshof in

Schweden gelebt, sei später, zur Zeit der Katharina von Medici, Hofdame am französischen Hof gewesen. Mamas phantastische Sicht auf ihr Leben leuchtete mir als Junge sehr ein, überzeugte mich, selbst »alte Nerven« zu besitzen und somit meinen robusten Kollegen im Dorf etwas vorauszuhaben, das offensichtlich nur Nachteile hatte.

Bei meinen wöchentlichen Besuchen begannen mich Mutters Erzählungen mehr und mehr zu beunruhigen. Eines Nachts, so sagte sie beim Tee, sei mein vor zwanzig Jahren verstorbener Vater zu ihr gekommen. Er habe sich auf den Bettrand gesetzt, und es sei ein langes, angenehmes Gespräch gewesen. Doch habe sie nach angemessener Zeit gesagt, »nun musst du wieder gehen«, und Vater sei aufgestanden und gegangen. Auf meine Nachfrage bestätigte sie, doch, doch, er komme öfter zu Besuch, und ich mit meiner naturwissenschaftlichen Bildung machte mir Sorgen. Was geschah mit ihr? War sie zu viel allein? Konnten diese Visionen erste Anzeichen einer Krankheit sein?

Mutter rief mich an. Der Sturm letzte Nacht habe einen Ast vom Ahornbaum abgebrochen, er liege nun da im Garten, und ich fuhr hin, um zu sehen, was geschehen war. Fünf kleine Ruten hatte mein Vater gesetzt, als der Garten angelegt worden war, doch die wurden hoch und kräftig. Zwei mussten gefällt werden, und die restlichen drei wuchsen zu einem einzigen Baum zusammen. Er stand wie der Großmast eines Seglers vor dem Haus, und ich liebte den Baum, den ich schon von Weitem sah, kam ich durch die Ebene des Wildisteins zu Besuch nach Hause. Er warf seinen Schatten über Sitzplatz und Haus, lichtete sich im Winter aus, und obschon das Laub bereits gefallen war, hatte der Sturm einen Hauptstamm auf halber Höhe abgebrochen: Schwer musste er auf Mutters Blumenbeete und den Sitzplatz herabgestürzt sein.

Und Mutter sagte:

– Du kannst es nicht wissen, aber seit Tagen spielt eine Musik im Haus – di da da dum – immer wieder, ununterbrochen, und ich habe das ganze Haus abgesucht, woher die Musik kommen könnte. Ich habe nichts gefunden. Aber seit letzter Nacht ist diese Musik in meinem Bauch. Sie muss, während ich schlief, in meinen offenen Mund geflogen sein. Ich habe sie verschluckt. Und jetzt spielt sie in meinem Bauch. Ich habe versucht, sie zu ertränken. Habe Wasser getrunken. Ich habe versucht, sie zu verbrühen mit heißem Tee. Ich habe versucht, sie zu erbrechen, doch sie spielte weiter und weiter – di da da dum –, und als ich heute früh aus dem Fenster sah, lag dieser Ast im Garten. Er lag einfach nur da, und der Baum hatte eine große Lücke.

Die kälteste Nacht meines Lebens hatte ich in Rimini verbracht. Als Leiter der Sozialen Studien am Gottlieb Duttweiler-Institut war ich zu einem Anarchistenkongress eingeladen worden und übernachtete in einem geschlossenen Hotel auf einer Matratze mit nur einem Leintuch als Decke. Und nun plante ich, wieder im Winter nach Rimini zu fahren. Monique Schnyder war mit ihrem Solostück »Pagliaccia« auf Tournee in Italien, und ich hatte versprochen, zum Abschluss ihrer Gastspiele nach Rimini zu kommen, um mir das Stück anzusehen.

Doch ich lag mit einer Erkältung und Fieber im Bett. Ich fühlte mich nicht gut. Das kalte, feuchte Wetter lockte nicht zu einer Reise, die Erinnerung an den winterlichen Ort am Meer noch viel weniger, und vielleicht machte Mutters Zustand meine Anwesenheit in Lenzburg nötig. Ich hatte ihren Hausarzt angerufen und ihn gebeten, einen Hausbesuch zu machen, nachdem ich ihm von Mutters »verschluckter Musik« berichtet hatte. Bliebe ich jedoch Moniques Aufführung fern, würde die Reise absagen, auch aus Gründen meines Unwohlseins, gäbe es mit ihr keine weiteren Treffen mehr. Dass dies so sein würde, wusste ich, ohne den Grund zu kennen. Also rappelte ich mich auf, schluckte Tabletten und setzte mich in den Zug.

Ich kam gegen Abend in Rimini an, ging zu dem Restaurant unter den Arkaden, das mir Monique genannt hatte. Sie saß dort, in der von einem gedämpften Licht erhellten Gaststube, sah mich groß und erstaunt an. Sie habe nicht damit gerechnet, dass ich käme, sagte sie. Sie sei sich sicher gewesen, es geschehe nur wieder, was sie zu oft erlebt habe und nie wieder erleben wolle: sitzengelassen zu werden.

Dann erlosch ihr Lächeln, ihr Gesichtsausdruck wurde

ernst, auch ein wenig hilflos, und sie sagte, sie habe in einer halben Stunde ein Radiointerview. Es liege ihr auf dem Magen. Ihre Italienischkenntnisse beschränkten sich auf ein paar Brocken, aufgeschnappt während Ferienreisen. Wie sollte sie da etwas zu ihrem Stück sagen? Dann war sie weg und blieb es. Auch als sie zurückkam, kurz mitteilte, doch, es sei gut gegangen, daraufhin gleich wieder verschwand und wir uns später noch kurz im Hotel sahen: Monique war nicht mehr ansprechbar. Sie hatte sich bereits verschlossen, konzentrierte sich auf die Vorstellung am nächsten Abend.

Der Strand lag leer vor den geschlossenen Hotelblocks, ging in eine dunkle Weite aus Meer und Himmel über, aus der sich die Luft wie ein feuchtes Tuch über die verlassene Häuserflucht legte.

Monique sei zum Strand gegangen, sagte mir die Technikerin, die mit dem Bühnenaufbau beschäftigt war. Ich fand sie, kauernd in dem breiten Band aus Sand zwischen Blocks und Meer, eine kleine Gestalt im rostbraun wattierten Mantel. Ich hatte die alte Leica meines Vaters bei mir, und der Zufall wollte es, dass in der Blickrichtung auf Monique ein Stück Schwemmholz aus dem gewellten Sand ragte, seitlich geneigt, parallel zu ihrer kauernden Gestalt: Monique suchte nach Muscheln, und ich drückte auf den Auslöser, bevor sie mich entdeckte. Die vergrößerte Aufnahme hängte ich später in die Veranda meiner Flussklause. Sie sollte mich an den Moment erinnern, an dem ich die Einsamkeit der Frau am leeren Strand, vor der Weite aus Himmel und Meer, gesehen und mich entschieden hatte, ein Stück Weg mit ihr gemeinsam zu gehen, sollte sie dazu bereit sein.

4

Das Stück »Pagliaccia« erzählt die Geschichte einer Frau von der Geburt zum Tod. Bühnenbild ist ein in der Mitte geteilter schwarzer Paravent, einziges »Requisit« ein Kostüm. Dieses verwandelt die Tänzerin im Verlauf der Vorstellung. Was zuerst nur eine Windel ist, wird zum Schulkleid, dann zur Ballrobe, bis es zuletzt als Totenhemd leer am Paravent hängt.

Fünf Viertelstunden stand Monique in Rimini auf der Bühne, spielte die Lebensphasen zu entsprechenden Musikkompositionen, erzählte ihre Geschichte ohne Worte durch Bewegung, Geste, Mimik: artistische Nummern, die große Körperbeherrschung und Kraft verlangten. Eine Melancholie durchzog das Stück, aber auch ein Humor und eine schalkhafte Lebensfreude. Pagliaccia war eine Clownin, doch eine, die auf der leeren Bühne allein mit ihrem Kostüm und seinen Verwandlungen blieb. Die »vierte Wand« zum Publikum hin war stets geschlossen, als sähe der Zuschauer durch Glas in einen Traum unseres Lebens.

Der Abend war eigenwillig, kompromisslos, aus biographischem Material mit einfachsten, doch raffinierten

Mitteln gebaut. Er verriet viel über Monique selbst, doch übersetzt in ein Bewegungsrepertoire, das ihr eigenster Ausdruck, ihre Sprache sein musste – aus einem früh in der Kindheit erzwungenen Verstummen entstanden.

Nach der Vorstellung saßen wir mit den Veranstaltern in einem Restaurant zusammen. Man hielt mich für den Dramaturgen, der das Stück auf Tourneen begleitete, während Monique in der ihr eigenen scheuen Abwesenheit über den Teller mit Risotto gebeugt saß, nur bei Fragen kurz auftauchte, nach einem Moment der Verwirrung eine Antwort gab, um in ihr Nichtvorhandensein zurückzukehren.

Moniques Art, sich in Gesellschaft zurückzuziehen, unerwartet aufzustehen und zu verschwinden oder gänzlich unzugänglich zu werden wie vor der Vorstellung, verwirrte mich. Ich konnte ihr Verhalten nicht einordnen. Doch lösten sich die widerstreitenden Gefühle, nachdem ich ihre Leistung auf der Bühne gesehen hatte. Auch sie ging einen Weg, der ihr als einziger offenstand. Alles, was sie tat, entsprang dieser einen inneren Notwendigkeit. Ohne vollständige Konzentration war das Stück nicht zu bewältigen, und es brauchte danach Zeit, um sich den Zuschauern, ihren Komplimenten und ihrer Begeisterung zuzuwenden.

Auf der Rückreise, gemeinsam mit der Technikerin, im vollbeladenen Tourneebus, erlebte ich eine heitere und ausgelassene Monique, eine, die sich an Blicken aus dem Wagenfenster freute, schwatzte, lachte und von einem Moment zum anderen einschlief.

Kurz nach Rückkunft in der Schweiz erhielt ich den Anruf, Mutter sei beim Einkaufen in der Stadt gestürzt, sie habe einen Beckenbruch erlitten und sei ins Krankenhaus gebracht worden. Sie hatte schon seit einigen Jahren Kniebeschwerden, ging an einem Stock, knickte links ein, und ihr Gang geriet mehr und mehr aus dem Gleichgewicht. Eine Operation wollte sie nicht machen lassen, die Schmerzen seien zu ertragen. Doch nun war sie gestürzt. Viel ließe sich bei Beckenbrüchen nicht tun, erklärte der Arzt, man werde sehen, ob und wie der Heilungsprozess verlaufe. Ich bemühte mich um einen Platz im Regionalspital Laufenburg, zumal schon bald feststand, dass sie, wie Pippa, auf einen Rollstuhl angewiesen bliebe. In ihr Haus würde sie nicht mehr zurückkehren können, und da es undenkbar war, sie zusätzlich zu Pippa bei uns aufzunehmen, blieb Mutter in einem Zweibettzimmer der Pflegeabteilung wohnen. Persönliche Gegenstände durfte sie aus dem Haus in Lenzburg nicht mitnehmen. Erlaubt waren Fotos für eine Pinnwand über dem Nachttisch, zu denen mit der Zeit ein paar Karten mit Feriengrüßen dazukamen.

5

Als Präsident der »Vereinigten Theaterschaffenden der Schweiz« war ich Mitglied des »Internationalen Theater-Instituts ITI«, einer Institution der UNESCO. Ich war zu den Jahreskongressen gereist, an denen über neunzig Länder teilnahmen, und hatte das »New Theater Committee« mitbegründet, eine Fachgruppe, die sich mit transkulturellen, offenen Formen des Theaters beschäftigte. Von Bangladesch, einem der rührigsten Mitglieder des ITI, erhielt ich die Anfrage, ob ich eine Theaterproduktion für ihr Festival »Women in Theatre« empfehlen könne. Da ich eben zwei Produktionen gesehen hatte, Franziska Bodmers »Omoluk« und Monique Schnyders »Pagliaccia«, die beide auf beeindruckende Weise die Präsenz von Frauen auf der Bühne zeigten, schickte ich deren Unterlagen. Die Organisatoren des Festivals in Dhaka entschieden sich für »Pagliaccia«, und wir begannen zu planen.

Christian Mattis, der Regisseur von Moniques Stück, war ein anarchischer Geist, der unbekümmert um Moden und gängige Kunstauffassungen choreographierte. Mit der für ihn typischen Geste – ein Rechteck mit den Zeigefingern und den Daumen zu bilden, um eine Szene im Bildausschnitt zu überprüfen – inszenierte er die Stücke. Stundenlang wurde geprobt, stets nach einfachsten Bewegungselementen gesucht, die zu überraschenden, ironisch gebrochenen Abläufen verbunden wurden. Christian Mattis hatte bei Etienne Decroux, dem Altmeister der Mime, in Paris gelernt, war an der Circus-Schule von Pierre Étaix und Annie Fratellini gewesen und hatte selbst eine Solokarriere durchlaufen, bevor er eine eigene Kompanie gründete. Als Choreograph war er stets bereit, Änderungen an seinen Stücken vorzunehmen, sie weiterzuentwickeln und den Gegebenheiten von Spielorten anzupassen. Es war daher naheliegend, dass er in Bangladesch die Technik betreuen würde. Er kannte das Stück bis in die feinsten Nuancen, und die Bedingungen auf der Bühne würden schwierig sein. Er müsste Lösungen bei Licht und Ton finden, auf die Monique reagieren konnte. Dazu kämen inhaltliche Probleme. Monique spielte die Eingangsszene mit nacktem Oberkörper. Obwohl sie sich vor allem mit dem Rücken zum Publikum bewegte, war der Blick auf ihre Brüste nicht zu vermeiden. Sie müsste in einem islamischen Land wie Bangladesch folglich ein eng anliegendes, hautfarbenes Shirt tragen. Doch ergaben sich dadurch neue Schwierigkeiten: Würde sie mit einem Shirt – bei den Temperaturen in Dhaka – die Hitze aushalten, gäbe es einen Moment, wo sie es ausziehen konnte oder, falls dies nicht möglich war: glitte die Seide noch ebenso gut auf dem Shirt wie auf der Haut? Für die Verwandlungen des Kostüms auf der Bühne war dies unabdingbar. Doch vielleicht fänden wir einen Trikotstoff, der diese Bedingung erfüllte?

Wir ließen eine Kiste aus leichtem Sperrholz bauen, nahmen nur die notwendigsten Bühnenelemente mit, jedoch kein technisches Material. Wir hatten ein Budget, das knapp die Kosten für Flug und Transport deckte.

Im Theater in Dhaka trafen wir auf Gegebenheiten, die es unmöglich machten, die ursprüngliche Einrichtung der Bühne herzustellen: Die Stromversorgung war ein Bündel Kabel aus dem Bühnenboden, das Lichtpult musste mit Schiebehebeln gesteuert werden, und die Tonanlage konnte nicht vom selben Ort aus wie das Licht bedient werden. Es gab keinen Tanzteppich, nur spleißige Bretter, auf denen Monique unmöglich ihre Choreographien ausführen konnte, ohne sich zu verletzen oder das Kostüm zu beschädigen. Fünf Stunden blieben uns, um die Vorstellung auf die Bühne zu bringen. Normalerweise dauerte der Aufbau einen Tag. Doch wir hatten ein Heer williger Helfer. Sie hängten die alten, schweren Scheinwerfer um, schufen aus gepolsterter Jute einen perfekten Bühnenboden, und ich bemühte mich um möglichst lange Interviews für Radio und Fernsehen bei schon besetzten Publikumsrängen, um noch Zeit für Moniques „Warm-up« herauszuschinden. Doch schließlich leuchtete im verdunkelten Saal der einzige Spot des Theaters auf dem Spalt des Paravents auf. Durch ihn schob sich langsam Moniques Gesicht hervor, ihre Augen öffneten sich weit, die Mundwinkel hoben sich zum freudigen Lächeln, und mit einem Sprung war sie auf der Bühne und damit im Leben: Die Musik setzte ein, die Vorstellung hatte begonnen.

Monique spielte hochkonzentriert im einfachen, von Mattis geschickt eingesetzten Licht. Durch die Verhältnisse und die Änderungen kam ein Element der Improvisation in ihr Spiel, das Monique befreite, sie zu einer Höchstleistung brachte, auch weil sie die Begeisterung eines Publikums spürte, das ihr atemlos folgte. Am Schluss, nach dem langsamen Einziehen des Lichts auf dem leeren Kostüm, war eine Stille, die erst brach, als Monique zurück auf die Bühne trat, um den Applaus entgegenzunehmen.

Als wir nach der Vorstellung zu einem Empfang im Hotel eintrafen, wurde Monique von Zuschauern und Theaterleuten umringt. Schauspielerinnen dankten ihr, waren aufgewühlt, sagten, sie hätten nicht gewusst, wozu ihre Körper fähig seien. Sie dürften nur stehen und gehen, die klassischen Gesten zeigen, wie im alten französischen Theater, und nach der Heirat sei ihnen jeder Auftritt verboten. Sie wollten und würden das ändern, denn nun hätten sie eine Frau gesehen, die fünf Viertelstunden allein auf der Bühne durch ein Feuerwerk an artistischer Bewegung ihre Geschichte – die Geschichte einer Frau – gezeigt habe. Wir spürten, dass die Vorstellung eine Erschütterung ausgelöst hatte, die uns überraschte. In Dhaka war »Pagliaccia« nicht einfach ein artistisches Tanzstück, das man wegen seiner originellen Einfälle bewunderte, wie in Europa. Hier stand Moniques Figur für eine Frau, die sich aus den Fesseln der Konvention befreit, sich »bewegen« kann, ohne einschränkende Gesetze und Gebräuche, und dies auf der Bühne in virtuoser Weise gezeigt hatte.

Spät am Abend saßen Monique, Christian Mattis und ich im Hotelzimmer, tranken Tee. Wir waren hundemüde, der Ventilator rotierte an der Decke mit leichtem Summen. Wir schwiegen, es brauchte keine Worte mehr, um zu sagen, was jeder für sich wusste: Wir hatten einen Abend erlebt, wie es ihn nur wenige Male in einem Leben geben kann.

6

Und jeder Blick ist wieder wie als Kind erstmalig! Er bleibt verständnislos an Straßenszenen, Bauten, Menschen hängen! Selbst die Ladenschilder tragen Buchstaben wie Weihrauchgefäße, kostbar und geheimnisvoll, doch unverständlich. Und eine analphabetische Euphorie packt mich! Aus einer tiefen Bewusstseinsschicht heraus empfinde ich, wie großartig und zutiefst faszinierend es ist, nicht lesen, nicht verstehen, nicht entschlüsseln zu können. Zu sein, wie damals als Kind.

Bangladesch war meine zweite große Reise in den Osten. Ich war vor Jahren auf Java und Bali gewesen, fasziniert von der Andersartigkeit der Landschaft, der Menschen und Lebensweise. Doch nun war es eine befremdliche Vertrautheit, die mir in Straßen, Geschäften, Menschen begegnete, als gäbe es ein Wiedererkennen von etwas, das ich aus Mutters Erzählungen von Rumänien und den Märchen aus dem Orient kannte.

In den Tagen nach der Aufführung – Monique gab noch Workshops – durchstreifte ich die Stadt, ging hinunter zum Hafen, machte eine Flussfahrt auf der Buriganga. Ich musste einem Gedanken nachspüren, der sich mir seit Ankunft in der Stadt, der Fahrt vom Flughafen ins Zentrum immer neu stellte: Entsprach die zeitgeschichtliche wie kulturelle Distanz von meinem Alltag in der Schweiz zu jenem hier in Dhaka nicht ungefähr der Distanz, die den Alltag meiner Großeltern vor hundert Jahren von jenem im damaligen Bukarest unterschieden hatte?

So wie ich heute hier in Dhaka, müsste Mama die Straßen in Bukarest erlebt haben, als sie dreijährig von der Gara de Nord abgeholt worden war:

Pralle Straßen, angefüllt mit Menschen, Tätigkeiten, Handlungen. Ein Strom. Inmitten reißt er bemalte Lastwagen, Busse, Autos mit sich. Seitlich treiben die Rikschas, Minitaxis, Schub- und Zugkarren, dümpeln Leute in Tüchern und langen Gewändern, tragen Charaktere im Gesicht und Waren in den Händen, ziehen vorbei an Buden, Werkstätten, Läden, in denen sich die Güter bis zur Decke stapeln, ein Spinnennetz aus Schachteln, Ballen, Säcken, Beuteln, in deren Zentrum die Besitzer hinter Zahlpulten hocken. Sie blicken gleichgültig auf den Strom zwischen den Fassaden unfertiger Gebäude, fragmentarischer Häuserzeilen, bedeckt von Verwitterung und einer Patina des Verbrauchten.

Ich fühlte während der Fahrt in der Rikscha, was auch Großpapa bei seinen Fahrten im Caddy gespürt haben musste, wenn er durch die Calea Victoriei fuhr – dieses uneingestandene Gefühl der Überlegenheit, das noch seinen kritischen Enkel anfiel, als der Rikschafahrer ihn »Sahib« nannte. Auf der Buriganga fuhr ich nicht nur in die großväterliche Vergangenheit von Armut und Heimarbeit in einem Dorf, in dem Kinder an Webstühlen Saris woben, streckenweise war ich auch auf der Donau, sah Großpapa im Salon des Dampfers, mit dem die mütterliche Familie 1927 Rumänien für immer verlassen musste.

Dieses Nachspüren durch Zeiten und Lebenssituationen meiner Vorfahren ließ mich die Geschichte des zwanzigsten Jahrhunderts als Teil meiner Familiengeschichte sehen: Welchen Verwerfungen, Veränderungen und Gewalttätigkeiten waren Großpapa, Großvater, meine Eltern ausgesetzt gewesen. Wie waren sie damit umgegangen. Was hieß es, einer alten Tradition anzugehören, die abbricht und nichts mehr bedeutet, diesen Bruch zu erfahren, wie ihn beispielsweise Großpapa, der Großbürger, erlebt hatte, als er von Rumänien zurück in die Schweiz kam?

Die Antwort auf diese Frage erhielt ich am Abschlussabend des Festivals, zu dem wir ins Theater eingeladen waren.

Zwei Stücke sollten gezeigt werden, als Erstes ein Spiel, wie es seit uralten Zeiten auf den Dörfern aufgeführt wird. Sechs Frauen betraten die Bühne. Sie kamen von weit her, trugen neue Saris: die Gage für diesen Abend. Die Leiterin dieses kleinen Chors war alt, eine Blinde, an der Hand geführt, ein weib-

licher Teiresias: Sie nämlich »sah« als Einzige die Geschichte und ihren Verlauf voraus, und es gehörte zu dieser alten Theaterform, dass sie ihren Mitspielerinnen die Rollentexte flüsternd vorsprach, die jene dann improvisierend spielten, bis jede kleine Szene in einen rauen Gesang mit einfachen Tanzschritten überging: Das Spiel dauerte in den Dörfern jeweils sieben Tage. In Dhaka, der Stadt, hatten die Leute nach einer halben Stunde genug. Unruhe machte sich im einheimischen Publikum breit. Die Regie gab Zeichen, die die Blinde nicht sah. Man holte eine Mitspielerin hinter die Bühne, die nicht verstand. Dann drehte man den sechs Frauen unter dem Gejohle des Publikums das Licht aus. Sie sangen im Dunkeln weiter, bis sie im Gelächter und Geschrei verstummten, zuletzt die Blinde. Sie wurde hinter den schwarzen Vorhang gezerrt, verschwand widerwillig und verwirrt, doch ohne Chance auf Rückkehr.

Und erneut flammten die Lichter auf, zum zweiten Akt des Abends, doch jetzt spielten die Scheinwerfer Disco, und die Tanz- und Gesangsgruppe verdrehte die Augen und Beine, Sentimentalität gab sich als Gefühl und das Licht als Effekt, die Musik, die Stimmen, die Gesten hatten eine neue Qualität, zuvor nicht gesehen: Tempo! Das Publikum tobte, gab ›standing ovation‹ und meine bengalischen Sitznachbarn sprachen mich an und entschuldigten sich: Man hätte doch gleich nur den zweiten Teil spielen sollen!

Dieser Abend wies mich auf eine Gefahr hin: Wenn ich den Stoff schreiben würde, an dem ich durch Vergleiche zwischen Dhaka und Bukarest, dem Nachspüren zeitlicher

Umbrüche herumtastete, hätte ich mich vor meinen eigenen Vorstellungen von Orient und einer nostalgischen Sentimentalität zu hüten. Wohin diese führten, hatte ich im zweiten Teil des Abends gesehen. Denn meine eigene, anfängliche Begeisterung über das bunte Straßenleben war nichts anderes als eine kleine, hausgemachte Folklore gewesen. Ich aber müsste über die Vorgänge schreiben, die ich im ersten Teil des Abends beobachtet hatte, über Epochenbrüche, die Schicksale schufen, wie das der flüsternden Chorführerin. Ich traf auf die »blinde Teiresias«, als ich das Theater verließ und um das Gebäude herumging. Sie lehnte unbeachtet am Seitenausgang des Saales. Aus ihren milchig-trüben Augen rannen Tränen, und ich stellte mich vor sie hin, sah in der blinden Frau meinen Großpapa, wie er seinen Koffer mit Miedern und Unterwäsche als verarmter Reisender in unsere Wohnung trug, am Esstisch stand, ein gebrochener Mann, der einst ein vornehmer Herr gewesen war. Und auch aus seinen Augen waren Tränen gerollt.

7

Ich besuchte Mutter zwei- bis dreimal die Woche im Pflegeheim. An einem frühen Nachmittag saß sie am Tisch beim Fenster. Ihr Gesichtsausdruck war konzentriert, als lausche sie angestrengt, und als ich sie begrüßte, wehrte sie leicht ab, ich solle sie doch bitte nicht stören. Nach einer Weile sagte sie und schüttelte leicht den Kopf:

– Ich höre Radio, aber ich verstehe nicht, weshalb solche privaten Angelegenheiten gesendet werden. Das geht doch niemanden etwas an, was in unserer Familie geschehen ist. Zudem sind es alte Geschichten. Sie lassen sich nicht mehr ändern.

Auf die Frage, wo das Radiogerät stehe und welchen Sender sie denn eingestellt habe, antwortete sie, das sei eben das Rätselhafte. Es würde durch die Zimmerdecke gesendet, und sie höre die Sendungen jetzt jeden Tag.

– Vielleicht, sagte sie, hätte ich mich doch mehr um meinen Papa kümmern müssen, Mama ist nicht gut zu ihm gewesen.

Je verwirrter Mutter wurde, desto phantastischer war die Welt, in der sie lebte. Hatte ich mich während der Niederschrift von »Strandgut« und »Der Brief ans Meer« mit der Konstruktion eigener Wirklichkeiten beschäftigt, so erlebte ich sie jetzt bei Mama in eindringlicher Weise. Ich konnte nie sicher sein, in welche Realität ich durch ihre Zimmertür trat und wer ich dort sein würde. Mein Bruder, ihr Bruder, ihr Papa, mein Vater? Ich spielte stets mit und bemerkte bei den Orts- und Rollenwechseln, wie durchlässig ich selbst wurde. Ich spürte die Menschen in mir, die ich in Mamas Augen war, als besäße ich in meinem Innern ein Ablagefach, in dem die Gefühle, der Sprachklang und die Haltungen dieser Menschen aufbewahrt waren. Sie wurden in mir lebendig, verflüssigten sich, strömten in meine Muskeln, färbten meine Sprache, auch wenn die Personen, wie Mutters Bruder Curt, schon lange verstorben waren. Ich empfand deren Erlebnisse, die lange vor meiner Zeit geschehen waren, als wären es meine eigenen, wenn Mama von Erinnerungen in Bukarest sprach:

– Wir waren doch damals bei Frau Megiesch und saßen auf den Stufen zum Teehaus, und du hast mir die Puppe weggenommen …

– Weil du sagtest, du liebtest sie mehr als mich, antwortete ich.

Die Erfahrung, wie sehr wir in »Dichtungen« leben, wirkte befreiend. Durch Mamas zunehmende Demenz wurden die Sinnfäden sichtbar, durch die sie und wahrscheinlich wir alle uns in je eigene Kokons aus Geschichten verpuppen. Gleichzeitig fragte ich mich: Was würden wir sehen, streckten wir den Kopf aus diesem Kosmos, wie es jener Pilger auf Flammarions Holzschnitt tut, der aus der Himmelskugel mit den Fixsternen hinaus ins All schaut?

Rumänien war seit drei Jahren nicht mehr nur eine nostalgische Erinnerung meiner Mutter und grauer Alptraum hinter dem Eisernen Vorhang. Es war zu einem Land geworden, das in unseren Gesichtskreis wieder eintrat, dazugehörte und zu einem Teil gemeinsamer Geschichte wurde, wie es einst gewesen war, und Mama sagte, während wir auf dem Flur der Pflegeabteilung saßen, hinaus auf den Rhein und die deutsche Altstadt sahen:

– Ich möchte wissen, ob es mein Rumänien noch gibt.

Der Wunsch, nochmals zurückzukehren, Bukarest zu besuchen, war für Mama stets undenkbar gewesen. »Ihr Rumänien« gebe es nicht mehr, hatte sie behauptet. Es sei für immer verschwunden, und auf die Fragen von Bekannten, ob sie Bukarest nicht besuchen möchte, antwortete sie stets, sie wolle sich durch die Rückkehr in ein Land, das durch den Nationalismus und den Kommunismus zerstört worden sei, nicht die eigenen Erinnerungen verderben lassen. Umso verblüffter war ich, dass sie jetzt, da sie nicht mehr reisen konnte, zu alt und zu gebrechlich war, gerne nachgesehen hätte, ob es, wie sie sich ausdrückte, »ihr Rumänien doch noch gab«.

– Gut, ich fahre an deiner Stelle nach Bukarest, sagte ich.

Ein wenig bereute ich die spontane Entscheidung. Gern würde ich nicht gehen. Als jedermann nach Prag, Budapest oder in die DDR aufbrach, hatte ich mich geweigert, in den Osten zu fahren. Mit den Besuchen der ausgebluteten Länder sei ein Voyeurismus verbunden, den ich nicht gutheiße. Seit der Reise nach Bangladesch wusste ich um das heimliche Überlegenheitsgefühl, das man mitbrachte, weil man Jeans trug und das wenige Geld in der Tasche einen in diesen Ländern dennoch reich machte. Und wenig Geld hatte ich, kaum genügend Aufträge, um mich über Wasser zu halten. Und das wenige bedeutete auch wenig Zeit, denn ich musste annehmen, was immer man mir anbot, selbst wenn es sich nicht rechnete.

Die häuslichen Belastungen dagegen nahmen zu. Pippa brauchte eine Orthese. Das Gehen hatte sich verschlechtert, das Kniegelenk des gelähmten Beines knickte durch. Ihre zunehmende Hilfsbedürftigkeit verlangte nach einem geregelten Tagesablauf. Feste Abmachungen zwischen ihrer Schwester und mir mussten getroffen werden, Absprachen waren notwendig, auch sollten die Aufgaben einigermaßen ausgeglichen verteilt sein – ein konfliktgefährdetes Gebiet. Durch die Vereinbarung, je einmal im Jahr mit Pippa und je einmal allein zu verreisen, würde ich erst im Sommer, während der Theaterferien, nach Bukarest fahren können. Die Aussicht, die kostbaren Tage, die ich am liebsten an einem stillen, abgeschiedenen Ort verbracht hätte, in einer brütend heißen, lärmigen, staubigen Stadt zu verbringen, war nicht verlockend. Doch ich hatte Mutter versprochen, die Orte ihrer Kindheit aufzusuchen – also würde ich reisen, etwas versöhnt und beruhigt: Monique hatte zugesagt, diesmal mich auf der Reise in den Osten zu begleiten.

8

Die zweigeschossige Villa im rumänischen Mincu-Stil, Anfangs des zwanzigsten Jahrhunderts erbaut, lag an einem Platz, von dem wir durch ein Gartentor und einen verwachsenen Weg zum Eingang gelangten. Der Besitzer des Hauses, Herr Uricariu, öffnete auf das Klingeln hin, begrüßte uns herzlich, und wir wurden in ein geräumiges Entrée gebeten. Der Kontakt wurde mir vom rumänischen Schriftstellerverband vermittelt, und Herr Uricariu, Autor von Sachbüchern, führte uns durch die Räume des Erdgeschosses, die wir für die Dauer des Aufenthaltes bewohnen würden. Nach Küche und Bad betraten wir einen Salon mit angrenzendem Speisezimmer, der mit Kachelofen und geschwungener Flügeltür an die Zeit des ausgehenden neunzehnten Jahrhunderts erinnerte. So mussten meine Großeltern gewohnt haben, in Räumen, die diesen ähnlich waren. Die Einrichtung dagegen erinnerte eher an die Vierzigerjahre des letzten Jahrhunderts, an ein zurückgezogenes Ausharren, während die faschistische Eiserne Garde marschierte, die Deutschen das Land übernahmen und eine Bedrohung um das Haus lag, die jederzeit hereinbrechen konnte, vor der man sich durch Stillhalten zu schützen hoffte.

Auch ich musste stillhalten. Zwei Tage lang verließ ich das Haus kein einziges Mal. Die Räume, ihre Atmosphäre, beschäftigten mich so sehr, dass ich unfähig war, weitere Eindrücke aufzunehmen. Ich saß für Stunden im Salon, sah Großpapa, der 1912 nach Bukarest vorausgereist war, durch die geschwungene Flügeltür mit den gewölbten Scheiben sich ins Speisezimmer begeben, kippte in die Zeit des Zweiten Weltkriegs, da sie verarmt in noch immer großen, doch kargen Zimmern an der Eulerstrasse in Basel gewohnt hatten, Zimmer, die schattenhaft undeutliche Umrisse in meiner Erinnerung waren. An den Nachmittagen durchstreifte ich den Garten, zu dem eine Treppe aus der Küche führte. Ich versuchte anhand von Überbleibseln die ehemalige Gartenanlage zu rekonstruieren: fand einen alten Rosenstock zwischen Minze, überwachsene Spazierwege, eine Bank zwischen zwei Baumstümpfen, das zerfallene Teehaus, unter dessen Brombeerranken ein Auto rostete. Der Rasen war zur Wiese geworden, auf der wir an einem Campingtisch unsere Mahlzeiten einnahmen und auf einen hochragenden Neubau hinter der Gartenmauer sahen, der wie eine gigantische Ruine mit Büscheln von Armierungseisen in den Himmel ragte. Ich wurde geschüttelt und durch Zeiten und Stimmungen gejagt, ohne mich wehren zu können. Ich musste es zu- und geschehenlassen, unfähig, Notizen zu meinen Beobachtungen zu machen.

Am Morgen des dritten Tages schlich ich mich aus dem Haus, und wenn ich die Zeit seit meiner Ankunft in verschiedenen Schichten der Vergangenheit verbracht hatte, so traf ich jetzt auf die Gegenwart: Ich lief durch eine Straße, deren Pflasterung aufgerissen war, Abfall war zu Haufen aufgetürmt, ein Rudel Hunde lungerte in einem Seitenweg. Ich kam zu einem zerfallenen Haus mit Schutt im einstigen Garten, aus dem ich Bündel von Klaviernoten zog, Stücke aus den Dreißiger- und Vierzigerjahren, auch das Foto einer Weihnachtsfeier, von den Steinschlägen wie von Schüssen durchsiebt. Auf der Rückseite stand: »Letztes Bild vor der Flucht«. Ich steckte es ein, kam zu einem Boulevard, in den eine Trambahn, rostig und zerbeult, einbog, als käme sie aus einem Kriegsgebiet. Sie rumpelte in die Strada viitorului, die »Straße der Zukunft«, als führe sie aus der rumänischen Gegenwart in eine uns alle bedrohende, verelendete Zivilisation. Diese Eindrücke waren so heftig, drangen mit solcher Wucht in mich ein, dass ich verstört zurück ins Haus flüchtete.

Ich rief gegen Abend den Lyriker Paul Daian an. Im vergangenen Herbst hatte eine Delegation rumänischer Schriftsteller die Schweiz besucht, und ich wurde angefragt, ob ich mich zum Abschlussessen dazugesellen wolle, man wisse um mein Interesse an Rumänien. In der Brasserie Lipp saß ich am folgenden Abend einem hochgewachsenen, zur Fülligkeit neigenden Mann gegenüber, in dessen Blick ein Leiden fieberte, das weder mit Trauer noch

Melancholie zureichend zu beschreiben war. Wir verstanden uns, trotz unseres fehlerhaften Französisch, auf Anhieb, und als ich ihm von meinem Plan erzählte, nach Bukarest zu fahren, um nach dem Haus meiner Mutter zu suchen, gab er mir seine Adresse und Telefonnummer. Ich solle ihn anrufen, wenn ich in Bukarest sei, und das tat ich nun.

– Kommen Sie gleich heute Abend, ich bin zu Hause. Wo sind Sie untergebracht?

Er werde ein Taxi schicken, das mich dann zu seiner Wohnung bringen werde.

Ich wurde entlang geschwärzter Fassaden alter, baufälliger Häuser chauffiert, kam durch dämmrige Schluchten sozialistischer Wohnblocks, serieller Fassaden mit verglasten Balkonen, überquerte leere Plätze und eine Brücke, die über einen Park mit zerfallenen Vergnügungsstätten führte. Dann bog der Fahrer in ein enges Wegsystem zwischen Büschen und Bäumen ein, hielt bei einem Block, wie er auch bei uns in den Vierzigerjahren gebaut worden war. Auf der Zufahrt stand Paul Daian, dessen Gesicht vom Aufglimmen der Zigarette kurz beleuchtet wurde.

Und wieder hatte mich die Fahrt schockiert, die Ankunft in dieser ehemals als »Gartenstadt« geplanten Siedlung. Das Licht blasser Lampen fiel auf kranke Bäume und Büsche, unter denen die Hunde schliefen, beleuchtete verrostete Autos, die reihenweise an den Gehwegen standen.

– Es ist schön, hier zu wohnen, sagte Paul Daian, und

ich stieg hinter ihm durch ein kaum beleuchtetes, trostloses Stiegenhaus, in dem es nach Essen und Putzmitteln roch.

Rumänien – das war für mich als Kind ein Land herrlicher Gärten, prächtiger Paläste, Moscheen und Basare gewesen, in dem es die Wunder und Schönheiten von Tausendundeiner Nacht gab. Von dort kam meine Mutter und hatte mir die Düfte von türkischen und ägyptischen Zigaretten, von schwarzem Kaffee mitgebracht.

Wohin aber war ich beinahe hundert Jahre später geraten?

Wir saßen in Paul Daians schmalem und mit Kuriositäten vollgestopftem Zimmer. Ein Schauspieler mit seiner Freundin war da, Paul Daians Partnerin, und er sagte den Satz, den ich nicht hören wollte:

– Sie werden nichts mehr finden. Ceaușescu hat im Süden alles zerstört, nichts ist vom jüdischen Quartier geblieben.

9

Ich verkroch mich nach dem Besuch bei Paul Daian einen weiteren Tag in den Zimmern der alten Villa. Vielleicht fände ich tatsächlich von Mamas Jugendjahren in Bukarest keine Spuren mehr. Die Fahrt hinaus zu Paul Daians Appartement hatte mir in Straßenzügen, Häusern und Blocks gezeigt, was zwischen Mamas Ankunft am Anfang des zwanzigsten Jahrhunderts und meinem Hiersein an dessen Ende geschehen war. Mir bliebe einzig noch zu versuchen, wie beim Garten der Villa, aus Überbleibseln die einstigen Lebensverhältnisse, wie sie Mutter angetroffen hatte, zu rekonstruieren.

Mit diesem Vorsatz rüstete ich mich zur Exkursion aus, wie ich es als Kind getan hatte, wenn ich mit Freund Fredi zu den urgeschichtlichen Fundstellen gefahren war. Ich steckte das Notizbuch in meine Umhängetasche, dazu den Stadtplan und das Fotoalbum meiner Mutter, hängte Vaters alte Leica um den Hals, erklärte Monique, ich schätze ihr Angebot, mich zu begleiten, doch ich müsse diese Exkursion allein machen, versprach, vorsichtig zu sein, und machte mich auf den Weg.

Paul Daian hatte wahrscheinlich recht. Ich durfte nicht damit rechnen, noch etwas vorzufinden. Weder das Haus, in dem die Familie 1913 gewohnt hatte, noch die Fabrik, in der Großpapa Direktor gewesen war, noch die Villa, in die meine Großeltern nach dem Ersten Weltkrieg umgezogen waren. Dennoch wollte ich nicht vorzeitig aufgeben. Nach dem Boulevard Unirii, dieser gigantischen Schneise, die wie eine Fluglandebahn in die Stadt geschlagen worden war, traf ich auf Straßen mit halbfertigen Wohnblocks, die eher Ruinen als Neubauten glichen, kam an zerfallenden Häusern, Werkstätten und leerstehenden Fabriken vorbei. Da mit jedem Schritt die Hoffnung kleiner wurde, das Haus, die Villa oder die Fabrik zu finden, entschied ich mich, ähnliche Gebäude, wie sie in Mutters Fotoalbum abgebildet waren, zu fotografieren: Jenes Haus könnte dem meiner Großeltern geglichen haben, jene Fabrik musste ungefähr so groß gewesen sein wie die »Industria de Bumbac«. Ich machte Notizen, versuchte mich auf dem Stadtplan zu orientieren – und war enttäuscht. Ich trottete am Ufer der Dâmbovița Richtung Süden, und es war einzig Trotz, der mich dem einstigen Flüsschen, das heute ein öder Kanal ist, weiter folgen ließ.

Ich kam zu einem Platz, auf den drei Straßen mündeten und eine Brücke über die Dâmbovița führte. Während ich innehielt, umkehren wollte, bemerkte ich am Rand des Gesichtsfeldes eine Kirche auf einer sanften Anhöhe, blickte auf die beiden Zwiebeltürme und hörte meine Stimme: »Da steht ja unsere Kirche.« Dieses Wiedererkennen konnte jedoch nicht sein: Woher sollte ich die Biserică im Wohnquartier meiner Großeltern kennen? Ich war nie da gewesen, hatte kein Bild der Kirche gesehen. Und doch schaute ich staunend, wie der Platz mit den zuführenden Straßen, den anderen Gebäuden sich verwandelte und durch das Wiedererkennen der Kirche lesbar wurde. Der verkommene Fabrikkomplex mir gegenüber, an dessen Hauptgebäude »Timpuri noi« (Neue Zeiten) geschrieben stand, wurde zu »Lemaître«, einer Fabrik, von der Mama erzählt hatte. In der Straße, die davor leicht anstieg, hatte folglich die Haltestelle gelegen, von der aus Mama mit der »Rössli-Tram« zur Innenstadt gefahren war. Dann musste die Straße zwischen den unfertigen Neubauten Mutters Schulweg gewesen sein, und die Allee an der Dâmbovița entlang würde zur Strada Morilor und dem Haus führen, in dem Mutter die ersten Jahre ihrer Kindheit verbracht hatte.

Ich rannte los, rannte zwischen hupenden Autos mitten auf der Straße an den Uferbäumen entlang. Die zweite, nein dritte Querstraße müsste die Strada Morilor sein, keuchte ich im Rhythmus des Atems, und da war sie auch, zwischen zwei Eckgebäuden, eine gerade, lange Straße. Ich hielt inne, zögerte, trat in sie ein, machte – das Album von Mutter aufgeschlagen – ein Dutzend Schritte und sah in der Perspektive das Haus, wie es Großpapa 1913 fotografiert hatte.

Während meiner Kindheit, ob in Brugg, Basel oder Suhr, hatte ein vergrößerter Ausschnitt der Aufnahme in der Wohnung gehangen. Sie zeigte zwischen Büschen des Gartens den Treppenaufgang zum Salon mit der Statue einer Siegesbotin in der Wandnische, die hohen Fenster, von Vorhängen verhüllt, den Gehweg, auf dem Mutter selber mit ihrem älteren Bruder stand, eine Schleife im Haar. Die Fotographie, in Gold gerahmt, war eine Ikone. Sie stand für ein besseres Leben, das es einmal gegeben hatte und nicht mehr war, für eine Lebensart, die Mutter in der Schweiz vermisste.

Hatten Fiktionen in meinen frühen Romanen eine Wirklichkeit geschaffen, welche die Figuren zu handeln zwang, brach hier in Bukarest die Wirklichkeit in alte, familiäre Fiktionen herein. Diese Umkehr der gewohnten Perspektive, die Tatsache, dass ich vor dem Haus stand, das seit meiner Kindheit lediglich ein Bild gewesen war und sich diese Ikone gehobener Lebensart als ein heruntergekommenes, schäbiges und verwahrlostes Anwesen in einer verslumten Straße erwies, überwältigte mich. Ich stand wie angewurzelt da, mitten auf der Straße, umringt von neugierigen Roma, die einen Blick auf das Album und seine Fotographien zu erhaschen suchten. Ich konnte nicht unterscheiden, was Schreck, Verblüffung und hochschießende Freude war. Doch ich wusste augenblicklich: Ich hatte den Schlüssel zu meinem Stoff gefunden, und er lag in ebendem Moment, den ich jetzt erlebte. Mamas

Wunsch, nachzusehen, ob es ihr Rumänien noch gab, hatte mich hierher, an diesen Ort gebracht. Doch dass es das Haus, das stets nur ein Bild gewesen war, tatsächlich gab, ich an der Gartentür, deren Klinke schon Mama gedrückt hatte, klingeln und die Stufen zum Salon hochsteigen konnte, schickte augenblicklich einen grellen, strukturierenden Strahl in den bisher diffusen Romanstoff meiner Familiengeschichte. Er beleuchtete eine lange Wegstrecke aus Mamas frühen Erinnerungen durch das kurze, »schreckliche Jahrhundert« hierher, zu diesem eben erlebten Moment.

10

Die Gastspiele in Dhaka, Bangladesch, und danach in Kolkata, Indien, waren der Beginn von Moniques internationaler Karriere. Sie bekam Angebote von Festivals, und eine Reisetätigkeit setzte ein, die uns jedes Jahr zwei-, dreimal in die Ferne führte nach Korea und Japan, Simbabwe und Ägypten, nach Moskau, Murmansk, Riazan. Ich lernte Städte in Serbien, Moldawien oder Weißrussland kennen, bereiste die Ostseeländer oder ein kaum beachtetes Land wie Armenien. Die Gastspiele waren mit großen Anstrengungen verbunden, da wir die Finanzierung der Reisen selber durch Anträge an Stiftungen und kulturelle Organisationen absichern mussten. Wir erhielten keine Unterstützung durch »Pro Helvetia«. Da half es auch nicht, dass Monique einen internationalen Preis nach dem andern nach Hause brachte. Wir schrieben Eingaben und Bettelbriefe, und wenn wir auch zu guter Letzt das Geld zusammengekratzt hatten, für unsere Gagen blieb nichts, außer den Festivalhonoraren, die kaum die Lohnkosten des Technikers deckten. Während dieser jeweils die Bühne einrichtete, steckte ich Vaters Leica in die Tasche, nutzte die Stunden für Exkursionen, wanderte durch Straßen, setzte mich in Cafés, sah den Leuten zu, wie sie gingen, gekleidet waren, schauten und redeten, schlenderte durch Hinterhöfe, besuchte einen Tempel und eine Toilette und versuchte, etwas vom Lebensgefühl an dem jeweiligen Ort zu erspüren.

Seit meinem ersten Besuch in Bukarest machte ich einen mir wichtigen Unterschied zwischen dem »ersten« und dem »zweiten Blick«. Als ich Paul Daian in seinem Quartier besucht hatte, er mich rauchend auf der schmalen Zufahrt erwartet hatte und sagte, wie schön er hier wohne, sah ich die Umgebung mit einem »ersten Blick«, den noch keine Erinnerung oder Gewohnheit verstellte, und war erschrocken über die kranken Büsche und Bäume, die festgetretene Erde voller Scharrlöcher der Hunde, die verrosteten Autos am Wegrand. Wie konnte ein Dichter wie Paul Daian bei dieser Umgebung von »schön« sprechen? Doch bei meinen folgenden Besuchen machte ich die Erfahrung des »zweiten Blicks«. Ich sah die Hässlichkeit des Ortes selbst auch nicht mehr, sie hatte sich in ein Wiedererkennen eingeordnet, das alles Schockierende in der Feststellung auflöste: »So ist es hier« – und tatsächlich war es nicht so übel, ein wenig Grün um die Blöcke zu haben, am Tag im Schatten der Bäume zum Supermarkt zu gehen, auch wenn bereits im Juli die ersten Blätter fielen. Dieser »zweite Blick«, der die Tendenz hat, eine Landschaft, einen Gegenstand schöner zu zeigen, als sie sind, beschäftigte mich. Was bedeutet er für unser Erinnern, ist in ihm bereits der Keim angelegt, das Vergangene stets zu einem Gegenstand einer privaten Dichtung zu machen, von der wir geneigt sind zu glauben, sie sei von unzweifelhafter Tatsächlichkeit gewesen?

Von unseren Gastspielen brachte ich Reiseskizzen zurück. Sie verbanden die Eindrücke von meinen ziellosen Exkursionen, die angeregt durch die »ersten Blicke« waren, subjektiv und ohne Vorwissen. Mich interessierten nicht die Sehenswürdigkeiten, ich wollte etwas vom Alltag und dem Lebensgefühl der Menschen erspüren. Durch meine frühen Arbeiten für das »Badener Tagblatt« hatte ich Kontakte zur Redaktion der fusionierten »Aargauer Zeitung«, und ich konnte meine Reiseskizzen regelmäßig im Wochenend-Feuilleton veröffentlichen. Dadurch glich ich etwas den Ausfall des Gastspielhonorars aus und übte gleichzeitig mein sprachliches Handwerk. Das Wissen, den Text für eine breite Öffentlichkeit zu schreiben, ihn in einer der folgenden Wochenendbeilagen zu sehen, die am Montag bereits beim Altpapier liegt, veränderte die Sprache: Ich achtete auf Verständlichkeit, bemühte mich, Wissenswertes ins Erzählerische zu integrieren. Als ich von der Zeitung die Anfrage bekam, regelmäßig Kolumnen zu schreiben, nahm ich mir vor, weiterzuentwickeln, womit ich bei den Reiseskizzen begonnen hatte. Jetzt jedoch wollte ich eine eigene Form finden, die Gedankliches und Erzählerisches, die Reflexion mit dem Anekdotischen verschränkte. Ich dachte an eine literarische Entsprechung zur

»Causerie«, dieser verlorenen gesellschaftlichen Kunstform. Sie darf alles, solange das Auszuführende nur geistvoll und charmant vorgetragen wird. Abstruse Theorien, glossierende Kritiken, das Staunen über eine Banalität – es gibt nichts, das sich einer Plauderei verwehrt.

Mein alter Freund Ţuica saß bei einem Glas Pflaumenschnaps unter der Markise seines Stammlokals, hielt den Spazierstock zwischen den Knien, hatte die Hände auf dem Knauf und sah dem Treiben in der Straße zu. Nein, sagte er, es genüge ihm zu schauen, Gedanken mache er sich dabei keine. Doch wenn wir von Gedanken machen reden wollten: Ob ich mir schon einmal überlegt habe, dass der Alltag die größte Utopie sei, die es gebe, ja, sich denken lasse?

Ich muss ihn verdutzt angesehen haben, denn Herr Ţuica lächelte.

Nein, sagte er, es sei erst das zweite Glas Pflaumenschnaps, das er trinke.

Da ich einen Stuhl zuzog, beim Ober einen Kaffee bestellte, sah sich mein Freund genötigt, seine Behauptung zu erläutern …

Reichte es, in Reiseberichten von »ersten Blicken«, bei Kolumnen von überraschenden Ansichten auszugehen, so waren beim Roman, den ich nach der Rückkehr aus Bukarest beginnen wollte, Recherchen nötig. Ich legte eine Sammlung Bücher an, las geschichtliche Werke, Berichte von Reisen, Beschreibungen des Lebens im »Paris des Ostens«.

Ich flog erneut nach Bukarest, suchte Orte auf, deren Namen ich von Mutter gehört hatte, schlenderte stundenlang durch Straßen und Quartiere, begleitet von Paul Daian. Dank seiner Kenntnisse und Bekanntschaften gelangte ich in den teilweise noch erhaltenen Untergrund der Ceaușescu-Zeit, besuchte Künstlerzirkel, Feste, politische Diskussionen, kam in Kontakt mit Opfern, Verfolgten und Opportunisten.

Und ich entdeckte, dass es eine wenn auch nur wörtliche Verbindung meiner mütterlichen Familie zu dem schlimmsten Pogrom des zwanzigsten Jahrhunderts gab. Das Wort hieß: »Abator«, Schlachthaus, von Mutter oft erwähnt. Sein Direktor war der Nachbar meiner Großeltern, seine Frau die geliebte »Schokoladenmama« meiner Mutter. Sie hatte sich als Kind im Garten und im Teehaus der Madame Megiesch aufgehalten, hatte Liebe und Zuneigung durch die Süße einer heißen Tasse Schokolade erfahren, bewunderte aber auch die Schönheit und Eleganz der Doamne Megiesch, die Roben, die Hüte, die Schuhe, die sie trug. Im Abator, dessen Direktor Madame Megieschs Mann war und das neben der Fabrik lag, die Großpapa leitete, wurden Anfangs der Vierzigerjahre des letzten Jahrhunderts Bukarester Juden von der faschistischen Eisernen Garde an Fleischerhaken durch die automatische Schlachtung geschickt.

Als dies geschah, waren Mama und ihre Familie bereits zurück in der Schweiz. Doch allein die Nähe zu dem Ort und den Menschen, die es zu Mutters Zeit gegeben hatte, zerrüttete endgültig das Bild, das ich, von ihr übertragen, in mir trug – das tabakgelb leuchtende, orientgemusterte Rumänien, wo es »das bessere Leben« gab.

Schon früh in der Jugend hatte ich mir Rückzugsräume geschaffen, wich ich vor einer Gegenwart zurück, die ich durch Vaters geschäftliche Schwierigkeiten und die familiären Zwiste als bedrohlich erlebte. Ich beschäftigte mich mit Geschichte, Archäologie und später mit klassischen Theaterrollen. Im Vergangenen fühlte ich mich geschützt, und zum Vergangenen gehörte auch Mamas Rumänien. Doch diese Rückzugsorte zerbrachen alle, hielten einem Zusammenstoß mit der heutigen Zeit nicht stand. Einzig Mutters Rumänien blieb unzerstört, da es nie mit einer gegenwärtigen Wirklichkeit konfrontiert worden war. Durch das Wort »Abator« brach nun ein schwarzer, dickflüssiger Strom in die frühen, märchenhaften Erinnerungen Mamas, entzauberte auch diesen letzten Ort, in den ich mich so oft zurückgezogen hatte. Für mein Romanprojekt hatte dies eine unmittelbare Folge. Es konnte nicht mehr allein um die Familiengeschichte meiner mütterlichen Familie gehen. Durch das grauenvolle Geschehen im Schlachthaus von Bukarest hatte sich das Leben meiner Figuren mit den politischen und gesellschaftlichen Veränderungen verbunden. Die Zeit, die Epoche, war kein abstrakter Begriff, losgelöst von ihrem Handeln und Entscheiden, sondern ein sie bestimmender Teil ihrer Biographien. Als Mama nach Bukarest kam, war das Land eine Monarchie gewesen. Sie und ihre Familie hatten nicht nur den Ersten Weltkrieg, Flucht und Kriegslager erlebt, sondern auch den aufstrebenden Nationalismus, der sie zwang, das Land vor dem aufziehenden Faschismus zu verlassen. Nach dem Zweiten Weltkrieg kam Rumänien unter die Diktatur des Kommunismus, und nun, da ich meine Recherchen in den Straßen Bukarests betrieb, erlebte das Land eine Veränderung, wie sie ähnlich in den Fünfziger- und Sechzigerjahren durch den »Amerikanismus« auch unseren Alltag verändert hatte. Die wichtigsten geschichtlichen Bewegungen des letzten Jahrhunderts waren über Rumänien hinweggegangen, und ich wollte in meinem Roman herausarbeiten, wie jede der handelnden Figuren gezwungen war, entsprechend ihren Fähigkeiten mit der Epoche und ihren Zumutungen fertigzuwerden. Die Umbrüche und politischen Verwerfungen sollten die eigentlichen »Hauptpersonen« werden. Sie wären die unerbittlich Handelnden, die einem Großbürger wie Großpapa, der auf seiner veralteten Lebensform in einer sich verändernden Welt beharrte, keine Chance ließ, und Mama, die eine allein auf Konsum und Geld ausgerichtete Moderne verachtete, in ein Erinnern wegschloss, das mir ihre oft gewünschte, oft notwendige Gegenwart vorenthielt.

11

Das »Aargauer Kuratorium« schrieb einen sechsmonatigen Aufenthalt in Berlin aus, und Monique riet mir, mich zu bewerben. Es sei eine einmalige Chance, mich für einige Zeit aus allen Verpflichtungen zu lösen. Ich beriet mich mit Pippa und ihrer Schwester, ob eine so lange Abwesenheit möglich sei, und als ich von der Jury den Zuschlag erhielt, erwartete mich ein halbes Jahr freie Zeit, die erste seit Pippas Erkrankung. Das Atelier lag in den Hackeschen Höfen, ein großer Raum unterm Dach, durch dessen Lukenfenster ich auf einen kräftigen Kastanienbaum und ein Stück Garten der Sophienkirche sah. Ich richtete meinen Arbeitstisch ein, und dazu gehörte, dass ich zum ersten Mal Internet installierte. Ein Mobiltelefon besaß ich noch nicht, und die Verbindung über den Festanschluss war teuer. Das »Mail« sollte mir ermöglichen, einfacher und kostengünstiger mit Monique in Kontakt zu bleiben, die an ihrem Arbeitsplatz im Probenraum bereits über einen Internetanschluss verfügte. Auch hatte ich mit der Redaktion der »Aargauer Zeitung« vereinbart, in regelmäßigen Abständen »Briefe aus Berlin« zu schicken.

Ich begann mit Stadtwanderungen, erst in engen Kreisen, die ich allmählich ausweitete, spürte vergangenem Leben nach, das aus den Wänden und der Pflasterung drang, mich anrührte, seinen Niederschlag im Grau der Fassaden zeigte, die kahl und vernarbt von Schüssen und Granatsplittern in den leeren Straßenraum sahen. Ich entdeckte ein Antiquariat, in dem inmitten von Bücherbergen ein Mann saß, eine Plastikschale Essen vor sich, der als ehemaliger Radioredakteur Dürrenmatt interviewt hatte. Ein paar Häuser weiter stand ich vor einem Mahnmal an einem Platz, an dem Juden zur Deportation zusammengetrieben worden waren, legte zu den vielen Steinen des Gedenkens auch meinen Stein. Ein staubiger Wind, der in die Kleider drang, begleitete mich an unzähligen Baugruben vorbei, ich sah in den sandigen Erdwänden die Brandschichten, durchsetzt von Schutt und Backsteinen, glaubte in den neuen Betonfundamenten die alten Trümmer zu sehen.

Ich ließ mich von der Atmosphäre des ehemaligen Ostteils der Stadt einhüllen, war fasziniert von dessen geschichtlicher Dichte. Jeder Blick traf auf ein Zeugnis des Kaiserreichs, der Nazizeit, des Kriegs, des Sozialismus – und ich spürte die Parallele zu Rumänien, zu Bukarest und empfand es als einen Glücksfall, in dieser Stadt, umgeben von den Spuren des zwanzigsten Jahrhunderts, an meinem Romanmanuskript »Die verschluckte Musik« arbeiten zu können.

Ich war allein, niemand hatte mich in Berlin erwartet,

niemand kannte ich. Oft waren das »Danke« und »Wiedersehen« im kleinen Edeka-Laden die einzigen Worte, die ich an einem Tag sagte. Ich schrieb an meinem Manuskript, las, wanderte durch die Straßen, liebte den Büchermarkt vor der Humboldt-Universität, betrat eines Tages deren dunkle Gänge, ließ mir in der Bibliothek alles geben, was ich im Katalog unter Rumänien fand, und das war erstaunlich viel. Deutsche Truppen waren im Ersten Weltkrieg in Rumänien gewesen, die Soldaten sandten Berichte von dem »fernen, sehr fremden Land«. Ich fand frühe Stadtpläne von Bukarest, ließ sie kopieren, um in meiner Dachstube ungestört durch die Straßen und Quartiere mit dem Zeigefinger zu wandern, die Mama noch mit der Kutsche oder der Pferdebahn durchfahren hatte.

Ich kam mit einer ersten Fassung des Romans zurück und schickte sie an Eva Koralnik. Dass sie durch all die Jahre zu mir gehalten und nie aufgegeben hatte, sich für meine Werke einzusetzen, war für mich eine unschätzbare Hilfe gewesen. »Schreib weiter und kümmere dich nicht um die Verlage«, sagte sie. Da Luchterhand an keiner weiteren Zusammenarbeit interessiert war, musste Eva Koralnik für mein Manuskript einen neuen Verlag suchen, während ich mich um dringende Verdienstmöglichkeiten kümmern konnte. Es rächte sich, dass ich mich ein halbes Jahr um keine neuen Dramaturgieaufträge bemüht hatte. Die Spielpläne für die kommende Saison waren gemacht, und mir stünde ein finanziell mageres Jahr bevor. An der Theaterschule »Comart« konnte ich ein paar Stunden Tai Chi unterrichten. Ich praktizierte es nun fünfzehn Jahre, hatte nach dem Tod von Sunny Koh noch Unterricht bei Lawrence Galante genommen, einem Schüler von Zheng Manqing, so dass ich mich berechtigt fühlte, selbst zu unterrichten. Noch hatte ich eine monatliche Entschädigung als Präsident der »Vereinigten Theaterschaffenden«, etwas Spesengeld von der Arbeit in der Theaterkommission Zürich, und Monique und ich entwickelten ein Programm »Stehende Turbulenzen« mit Texten aus »Kopfüberland oder die Reise zu den Bäumen« und dem Gedichtband »Der Fernseher ist kein schlechter Priester«, die ich in der Edition Isele herausgebracht hatte. Das Programm verband das Wortlose mit dem Wort, die explosive Bewegung mit dem ruhigen Fluss der Erzählung, die Komik der Verrenkung mit der Melancholie der Verse. Christian Mattis arrangierte, photographierte, und erlaubte, die Produktion unter dem Namen seiner renommierten Truppe »Lynx« anzubieten, so dass wir zu einigen Gastspielen kamen und zwei Jahre durchs Land zogen.

Dazwischen arbeitete ich an einer zweiten und dritten Fassung des Romans. Die Suche nach einem Verlag gestaltete sich schwierig, und ich wusste inzwischen, was es bedeutete, wenn Eva Koralnik in aufmunterndem Ton sagte, gewisse Manuskripte bräuchten eben etwas länger, bis sie zur Veröffentlichung kämen. Ich solle ruhig weiterarbeiten, die Sorgen könne ich ihr überlassen, es werde schon: Sie hatte, ohne es auszusprechen, Absagen bekommen, und zwar von Verlagen, bei denen sie sich am ehesten eine Chance ausgerechnet hatte. Was aber, wenn ich auch diesen Roman nicht veröffentlichen konnte? Als ich las, der Wiener Zsolnay Verlag baue einen Schwerpunkt Osteuropa aus, setzte ich mich in den Zug. Es gab eine Aktionsfahrkarte, mit der man zum halben Preis nach Wien fahren konnte, falls man am gleichen Tag auch wieder zurückfuhr. Ich würde gerade mal ein paar Nachmittagsstunden Zeit haben, im Verlag vorzusprechen, ein paar Sätze mit dem Verlagsleiter Herbert Ohrlinger zu wechseln und mein Manuskript zu überreichen. Er äußerte Interesse am Stoff, ich begann zu hoffen, und Eva empfahl, nicht zu drängen.

12

Ein paar Monate später erhielt ich die Mitteilung, die »Zuger Kulturstiftung« habe mir ein Stipendium in Bukarest zugesprochen. Ich dürfe als erster Gast im neueröffneten »New European College« wohnen. Ich plante, die Reise in Wien zu unterbrechen. Es wäre die Gelegenheit zu einem weiteren Treffen mit Herbert Ohrlinger vom Zsolnay Verlag,, und die folgenden Wochen hätte ich Ruhe und Zeit, das Manuskript nochmals sorgfältig durchzusehen. Herbert Ohrlinger jedoch lehnte den Roman ab und empfahl, das Manuskript Nagel&Kimche anzubieten, einem Verlag, der ebenfalls zu Hanser gehörte. Es sei dort besser aufgehoben, und das Buch habe in einem Schweizer Verlag mehr Chancen, wahrgenommen zu werden, als in Österreich.

Ich reiste nach Bukarest weiter, bedrückt von der neuerlichen Absage, kam im »New European College« an, das vom ehemaligen Minister für Kultur, dem Schriftsteller Andrei Pleşu, geleitet wurde. Das Institut war von engen Büros an einem der großen Boulevards in das stattliche Haus umgezogen, das bis zur kommunistischen Machtübernahme der Treffpunkt des Schweizer Clubs gewesen und mit schweizerischer Hilfe restauriert worden war. Neben Bibliothek, Vorlesungssaal, den Studierzimmern der Studenten gab es eine Dachwohnung mit umlaufendem Balkon, die ich während dreier Monate bewohnen durfte. Als ich an der Strada Plantelor einzog, standen im Foyer des Instituts noch Kisten und Kartonschachteln vom Umzug, roch es nach Farbe und austrocknendem Verputz, war auch in der Gastwohnung die Einrichtung nicht vollständig. Zwar gab es einen Schreibtisch und einen Internetanschluss, eine Aussicht auf die Häuser und Gärten der Umgebung, doch fehlten noch Stühle und Tisch. Womit aber sollte ich die Tage ausfüllen? Mein Vorhaben, die Zeit mit der Durchsicht des Manuskriptes zu verbringen, kam mir kurz nach meinem Einzug in die beiden Zimmer abhanden. Aus Zürich traf die Ablehnung von Nagel&Kimche ein. Man könne sich nicht vorstellen, hieß es in der Begründung, dass mein Roman irgendwen interessiere.

Es war das erste Mal, dass ich nicht mehr weiterarbeiten konnte. Obwohl der Stoff nicht ausgeschöpft war, sich schattenhafte Umrisse einer Fortsetzung, eines zweiten Bandes, abzeichneten, war ich unfähig, das Manuskript nochmals vorzunehmen oder ein neues Projekt zu beginnen. Mit Mühe schrieb ich die vereinbarten Feuilletons, verbrachte meine Tage mit Paul Daian in der »Lapteria«, einem Lokal auf der Dachterrasse des Nationaltheaters, trank zu viel. Ich lernte mich in einen glasklaren, unerbittlich scharfgesichtigen Zustand zu trinken, der allerdings nur kurz andauerte, bevor die Umgebung und man selbst in Nebel und Trübnis versanken. Paul Daian, der keinen Alkohol anrührte, kleine Schlucke aus seiner Kaffeetasse nahm, hielt mich von den schlimmsten Exzessen ab, auch von Unvorsichtigkeiten, die ich bereit war, einzugehen. Er warnte vor Frauen, die sich mir näherten, hatte den Blick und das Gespür für die Gauner und Schnorrer, und wenn ich ihn fragte, weshalb er glaube, der oder diese habe unlautere Absichten, sah er mich mit seinen schwermütigen Augen an. Er sei unter Ceaușescu im Gefängnis gewesen.

– Wenn du täglich zusammengeschlagen wirst, spürst du die Schläge, bevor du sie bekommst.

Wir hatten zu Hause vereinbart, dass Pippa mich in Bukarest besuchen und zwei Wochen bei mir wohnen solle. Paul Daian und ich holten sie am Flughafen ab. Pippa konnte nur mit unserer Hilfe Treppen steigen. Das »New European College« war alles andere als behindertengerecht, und mein Appartement lag zwei geschwungene Treppen hoch. Paul Daian, groß und kräftig, hob Pippa von Stufe zu Stufe, während ich das gelähmte Bein von einem Tritt auf den nächsten setzte. Ich hatte die beiden Zimmer umgeräumt, damit wir getrennt schlafen konnten. Pippa musste nachts alle zwei, drei Stunden die Nachtschiene an ihr gelähmtes Bein festschnallen, um zur Toilette gehen zu können.

Den Morgen verbrachte sie auf der Dachterrasse, gegen Mittag kam Paul Daian, und wir brachen in die Stadt auf oder fuhren in die Umgebung. Auf dem Weg zur Begräbnisstätte des Vlad Țepeş im Kloster Snagov verfuhr ich mich. Wir kamen durch Dörfer und hielten zuletzt bei einem Friedhof. Das sei schließlich auch eine Begräbnisstätte, sagte ich. Paul schob den Rollstuhl mit der schief sitzenden Pippa auf den überwachsenen Wegen zwischen den Gräbern durch. Ich war etwas zurückgeblieben, beobachtete dieses seltsame Gespann aus zwei versehrten Menschen, das sich zwischen Kreuzen und Immergrün bewegte: Paul, der Furchtbares erlebt hatte und seither unter Depressionen litt, Pippa, die nun schon fünfzehn Jahre im Rollstuhl saß und einen kleiner werdenden Lebensradius hatte. Sie holperten den Weg entlang zu einem Sodbrunnen und einer Glocke, läuteten diese und lachten dazu, und in mir löste sich die Düsternis, die seit Wien und meiner Ankunft in Bukarest in mir gewesen war. Es wurde hell, erleuchtet durch die beiden Menschen. Mir wurde bewusst, was für ein Glück es war, mit ihnen zusammen zu sein, durch sie täglich erfahren zu können, dass meine Behinderung, nämlich mich in der Welt nicht wirklich zurechtzufinden, nicht der Rede wert war. Warum sollte ich selbstmitleidig jammern, dass ich mein Leben herbeischreiben musste, weil ich es nicht wirklich schaffte, mich im Alltag durchzusetzen, dies aber niemand kümmerte. Ja, auch mit »Die verschluckte Musik« schien das Veröffentlichen schwierig zu werden, auch mit diesem Roman würde meine Arbeit nicht zur Kenntnis genommen. Doch was bliebe denn anderes zu tun, als was ich tat? Ich eilte zu Paul und Pippa, und wir nahmen aus dem Sodbrunnen des Friedhofs einen Schluck Wasser, lachten über uns, als uns klar wurde, dass das Wasser nicht ganz frei von den Säften der Toten war.

Monique hatte in der Zeit meines Aufenthalts in Bukarest ein Engagement in Berlin. Sie besaß einen Stückvertrag im Varietétheater »Chamäleon«, spielte en suite, und nun war sie es, die ein halbes Jahr in den Hackeschen Höfen wohnte. Jeden Abend dieselben Nummern zu spielen, war nicht, was Monique gut vertrug, die Gleichförmigkeit erschöpfte sie mehr, als wenn sie ihr Solostück spielte. Hatte sie frei, was nicht häufig vorkam, besuchte sie mich in Bukarest, blieb zwei, drei Tage, und da sie sah, dass ich ratlos war, wie es mit meinem Manuskript weitergehen sollte, entschloss sie sich, Adressen von Verlagen in Berlin herauszusuchen, das Manuskript unter den Arm zu klemmen und unangemeldet gleich beim Aufbau-Verlag am Hackeschen Markt vorzusprechen. Sie, die ihren Ausdruck in der stummen Bewegung gefunden hatte, statt zu antworten lieber ein Rad schlug, ihre Zuneigung mit einem Flic-Flac kundtat und ihre Freude an der Schönheit einer Landschaft durch einen Handstand zeigte, sprach nun in Büros vor. Sie redete auf Vorzimmerdamen ein, sagte, sie sei Künstlerin, ja, aus der Schweiz, spiele augenblicklich in Berlin, habe ein Manuskript eines Schriftstellers, das unbedingt veröffentlicht gehöre und zwar in einem guten Verlag, nämlich in diesem Verlag hier, und sie lasse jetzt das Manuskript da. Der Autor sei zurzeit in Bukarest, die Adresse habe sie angeheftet, man könne ihn direkt kontaktieren oder auch sie nach der Vorstellung im »Camäleon« treffen.

Und ich wurde kontaktiert, zwar von keinem Verlag in Berlin, sondern von Luchterhand in München. In einem Standardbrief wurde mir mitgeteilt, dass »Der Brief ans Meer« verramscht würde, man jedoch dreißig Exemplare zu meinen Händen nach Bukarest schicken werde.

Monique, der ich bei ihrem Besuch den Brief zeigte, packte der Zorn. Dass der Roman verramscht wurde, war das eine, dass der Verlag jedoch dreißig Exemplare nach Bukarest schicken wollte, ein gewichtiger Packen, den wir nach Hause schleppen müssten, fand sie gedankenlos und ein schlechter Umgang mit einem Autor. Sie hätten doch fragen können, wie viele Exemplare wir haben wollten, wohin die Sendung gehen solle und wie viel wir für die Restexemplare zu bezahlen hätten. Und obwohl ich resigniert abwinkte, griff sie zum Telefon, wählte die Nummer auf dem Serienschreiben und wurde direkt mit Gerald Trageiser, dem Verlagsleiter, verbunden. Ich stutzte, als ich den Namen hörte. Noch nie war es mir gelungen, Gerald Trageiser direkt, ohne Verbindung durch das Sekretariat, an den Apparat zu bekommen. Und doch hörte ich, wie Monique den Namen wiederholte, sich beschwerte, was wir mit dreißig Exemplaren in Bukarest sollten, und sie wolle alle noch vorhandenen Bücher, ja, nach Zürich geliefert, egal was es koste. Dann war eine Weile Stille, während ich mir die Kosten einer unverkauften Auflage ausrechnete, und hörte dann Monique sagen:

– Ja, er hat ein neues Manuskript, und ich werde es ihm ausrichten.

Als Monique aufgelegt hatte, erzählte sie, Herr Trageiser habe gesagt, wie sehr er mich schätze. Ich solle, falls ich ein neues Manuskript fertig habe, es ihm unbedingt schicken. Ich hielt sein Angebot für eine Freundlichkeit, die man sagt und nicht meint, und besprach mich mit Eva Koralnik. Wir waren uns einig, es zu versuchen, da wir nichts zu verlieren hatten. So schickte ich das Manuskript an Gerald Trageiser, den ich persönlich nicht kannte, und bekam umgehend einen Brief. Er sei in den nächsten Wochen sehr beschäftigt. Ich müsste mich bis nach Neujahr gedulden, zuvor komme er nicht zum Lesen. Bereits zwei Wochen später erhielt ich ein weiteres Schreiben. Er sei so unvorsichtig gewesen, las ich, am vergangenen Wochenende in das Manuskript hineinzuschauen. Er habe es in einem Zug gelesen und möchte mir sagen, dass er das Buch herausbringen wolle.

Ich saß vor dem Brief, aufgeschlagen auf meinem Schreibtisch, und ich schaute auf die Zeilen, als müsste ich sie immer und immer wieder lesen, um zu glauben, was sie sagten: »Die verschluckte Musik« würde erscheinen, bereits im nächsten Herbst. Ein Wunder! Und als ich den Brief wieder und wieder angeschaut hatte, bis ich glaubte, was darin geschrieben stand, begann ich zu arbeiten.

13

Als ich noch am Anfang meines Schreibens das »I Ging, Buch der Wandlung« durch Max Voegeli kennengelernt hatte und in der Dachkammer mein erstes Zeichen auszählte, hatte ich das Hexagramm »KAN, das Abgründige, das Wasser« erhalten. Ich las aus dem Zeichen den Hinweis, ich solle stets dem Gefälle folgen, wie es das Wasser tut, um so Gefahren und Schwierigkeiten zu vermeiden. Mit der Zusage Gerald Trageisers, den Roman »Die verschluckte Musik« herauszubringen, öffnete sich mehr als ein Gefälle, dem ich folgen konnte. Eine Stauung – wie beim Strom vor meinem Fenster – löste sich, schoss durch geöffnete Schleusen, riss mich mit sich fort. Ich konnte endlich wieder schreiben, mich unermüdlich durch den Roman bewegen, an Sätzen feilen und den Text härten. Während des Lektorats schmolz ich ihn durch die Anregungen und Vorschläge Klaus Siblewskis, meines Lektors, wiederum auf, verflüssigte ihn erneut, um ihn wieder zu härten. Ich nahm Streichungen vor und schrieb neue Passagen, überprüfte die Form, ob die Struktur trug, die Perspektive stimmte, der Rhythmus und der Klang durchgehalten waren. Als endlich das gedruckte Buch auf meinem Schreibtisch lag, nahm ich es auf wie einen kostbaren Gegenstand und trug es ins Altenheim zu meiner Mutter. Ich fuhr sie im Rollstuhl zu einer Bank am Rheinufer, las ihr Stellen vor, die Anekdoten und Geschichten erzählten, die ich in meiner Kindheit von ihr gehört hatte, und sie saß da, leicht vorgeneigt, in alten, schäbigen Kleidern, trug ein Jäckchen von einer verstorbenen Mitbewohnerin, das so gar nicht zu ihr passte. Sie nickte, während ich las. Und als ich das Buch schloss, sagte sie:

– Ja, genau so ist es gewesen, und nun sitzen wir hier zusammen an der Donau.

Ich fürchtete, das Buch würde von der Kritik abgelehnt werden. Wenn es schon so schwer gewesen war, einen Verlag für den Roman zu finden, warum sollte es dann vom Feuilleton weniger zurückhaltend aufgenommen werden? Innerlich schützte ich mich mit meinen alten, bewährten Argumenten. Es sei allein wichtig, dass das Buch gedruckt wurde und in einem guten Verlag erschienen sei. Alles andere hätte ich nicht in der Hand und könne deshalb nicht von Belang sein. Entgegen meiner Befürchtung wurde der Roman jedoch gut besprochen, und es war durchaus von Belang, dass er breit beachtet wurde. Ich bekam Anfragen, konnte auf Lesereisen gehen, und es war jetzt Monique, die mich in die USA, nach Indien, in die baltischen Staaten oder nach Norwegen begleitete. Ich erhielt Preise und Werkbeiträge, die meine finanzielle Lage verbesserten. Vor allem aber fühlte ich mich erleichtert: Endlich, mit neunundfünfzig Jahren, wurde mein eigenes Werk in der Öffentlichkeit wahrgenommen, gab es einen Ausgleich zu dem für mich notwendigen Rückzug. Ich spürte, wie viel Kraft es gekostet hatte, stets gegen eine empfundene Nichtbeachtung zu kämpfen, welche Beschwernis durch die Anerkennung von mir abfiel. Mit dem gewonnenen Selbstvertrauen wuchs auch der Mut, ein nächstes Projekt anzugehen, mich in meinem Familienstoff weiter vorzuwagen. Und mich amüsierte, wie Unbekannte mir auf eine neue, mir freundlich zugewandte Art begegneten. »Für mich warst du immer nur Theatermann«, wurde mir gesagt. Doch meine Rollen, die ich nach Pippas Erkrankung übernommen hatte, waren ausgespielt. Ich gab meine »Ämter« als Präsident der »Theaterschaffenden der Schweiz« und als Mitglied der Theaterkommission ab, verzichtete darauf, weiterhin als Dramaturg im Freien Theater zu arbeiten. Mit dem Roman »Die verschluckte Musik« hatte ich mir einen Platz in der Literatur erschrieben, nun wollte ich ihn nutzen, zumal klar war, dass ich bei Luchterhand auch weiterhin würde veröffentlichen können.

Mein Leben änderte sich, es wurde ruhiger, konzentrierter. Ich hatte in den letzten Jahren viele Aufgaben und Projekte gleichzeitig, neben der Hilfe für Pippa, betreuen müssen. Oft fühlte ich mich durch die Vielfalt der mir gestellten Probleme überfordert. Jetzt konnte ich meine Zeit auf das Schreiben und die damit verbundenen Studien verwenden. Hatte ich mich schon bei der »verschluckten Musik« ausgiebig mit der Geschichte Rumäniens beschäftigt, war gereist, hatte Orte aufgesucht und in Bibliotheken recherchiert, so nahm diese vorbereitende und mich beim Schreiben begleitende Tätigkeit einen nun umfangreichen Teil meiner täglichen Arbeitszeit ein.

Ein Stoff machte sich bemerkbar, der nach Erscheinen des Romans »Die verschluckte Musik« sich zu verdichten und allmählich Gestalt anzunehmen begann. War mit dem Ersten Weltkrieg die Epoche des Großbürgertums zu Ende gegangen, auch wenn sie in Rumänien noch eine Weile überdauerte, so rückten in den folgenden Jahrzehnten Charaktere in führende Positionen auf, die aus einfachen, untergeordneten Verhältnissen stammten. Sie waren ihrem Wesen nach autoritär und neigten zu diktatorischen politischen Bewegungen. In »Das schwarze Eisen« wollte ich diese gesellschaftliche Veränderung anhand meiner väterlichen Familie gestalten: Großvater war eine beeindruckende Erscheinung gewesen. Er hatte sich aus ärmlichen Verhältnissen zum Direktor eines Stahlwerks hochgearbeitet, das wesentlich zur industriellen Entwicklung der Schweiz beitrug. Er war ein unbeugsamer Patriarch gewesen, für den schon das Widersprechen Illoyalität und Ungehorsam bedeutete. Großvater drängte sich mir als Figur für meine Fortsetzung der Geschichte des schrecklichen »kurzen zwanzigsten Jahrhunderts« auf, doch fehlte mir für die Gestaltung des Stoffs auch da am Anfang der

Schlüssel. Ich wusste nichts von Großvater, kaum etwas von seiner Herkunft. Über ihr lag ein Schweigen, Fragen waren nie beantwortet worden, die Vergangenheit hatte vergangen zu sein und zu bleiben. Ich aber müsste zur Figur einen inneren, mir noch unbekannten Zugang finden. Und es war wiederum Mama, die mir den Schlüssel mit zittriger Hand zuschob, etwas zögerlich und mit einer Heimlichkeit, die ihre Stimme sich dämpfen ließ. Sie wolle mir ein Geheimnis anvertrauen. Sie habe zwar geschworen, es nie preiszugeben, doch ich müsse es wissen.

– Dein Großvater war in der Fremdenlegion.

Sie habe bei der Räumung des Hauses mit Großmutter auf dem Boden die Uniform und die Papiere in einem Koffer gefunden. Niemand, keiner der Söhne und bis zu jenem Tag im Dämmerlicht der Dachluke auch Großmutter nicht, habe davon gewusst.

Mit Abscheu und Verachtung für den Mann, der sie stets abgelehnt hatte, sagte sie:

– Er hatte wohl etwas verbrochen, wie alle, die zur Legion gegangen sind.

Mamas Preisgabe von Großvaters dunkler Vergangenheit öffnete mir eine neue Sicht auf den Menschen, der mich geliebt hatte, dem ich mich nah fühlte, den ich bewunderte und ablehnte. Dass zur Kindheit im Armenhaus noch das Geheimnis seiner Legionszeit kam, erhellte für mich, wie sehr Großvaters Vergangenheit seine Entscheidungen und Handlungen ein Leben lang beeinflusst hatten. Mir wurde sein Umgang mit den Söhnen, sein oft grausames Verhalten verständlich: Keiner der Familie sollte mehr in Armut fallen, und niemand durfte das Bild einer rechtschaffenen Familie ritzen. Nur eine makellose Wohlanständigkeit schützte das Geheimnis seiner Legionszeit, verhinderte Fragen oder Nachforschungen. Deshalb wurde mit unnachgiebiger Härte bekämpft, was den Ruf schädigen konnte, eine beabsichtigte Scheidung eines seiner Söhne etwa oder die Homosexualität des Jüngsten.

Ich besuchte das stillgelegte Fabrikareal, durch das ich als Kind mit Großvater gegangen war, besichtigte Gießereibetriebe, beschaffte mir Schriften zur Industriegeschichte der Schweiz, reiste nach Marokko, um mir auf den Spuren von Friedrich Glausers Legionärsroman »Gourrama« Anschauungsmaterial für die Legionszeit Großvaters zu verschaffen. Im Gegensatz zur mütterlichen Familie war über die des Vaters beinahe nichts bekannt. Ich war auf Funde angewiesen, und ich stieß zu meiner Überraschung auf Material, das ich nicht gesucht hatte und dennoch fand. Im Naturhistorischen Museum in Aarau nahm ich eine Broschüre in die Hand, blätterte sie flüchtig durch und hielt bei einer Stelle inne, die bezeugte, dass die Stahlwerke zu den frühen Förderern des Erzabbaus in Herznach gehört hatten. Diese mir unbekannte Tatsache wollte nicht so recht zu einem ebenso zufälligen Fund passen, den ich bei meiner Recherche zu Großvaters beruflicher Tätigkeit gemacht hatte: Die Firma, in der er Direktor war, hatte als erste weltweit den Stahl durch eine elektrolytische Schmelze erzeugt, eine revolutionäre Erneuerung, die zu besseren Stählen führte. Was aber brachte sie dazu, Erze abbauen zu wollen? Roheisen war günstig auf dem Weltmarkt zu haben.

Nur dreihundert Meter von meiner »Flussklause« entfernt steht das erste Flusskraftwerk Europas, das in Querstauung gebaut worden ist. Während ich über die ingenieursmäßigen Schwierigkeiten beim Bau des Laufenburger Kraftwerkes las, mich über Elektrizität, ihre Erzeugung und Verwendung kundig machte, stieß ich wiederum auf die Stahlwerke: Angesichts der aufziehenden Kriegsgefahr wollten sie durch die Förderung des Herznacher Erzabbaus nicht nur unabhängiger von ausländischem Erz werden. Auch die Kokslieferungen würden knapp werden, und die Stahlwerke versuchten, was bei der Stahlschmelze gelungen war, auch beim Erz anzuwenden. Es sollte statt mit Koks mittels elektrischer Energie verhüttet werden. Versuche, die an meinem Wohnort, nahe dem Kraftwerk, durchgeführt worden waren, jedoch fehlschlugen.

Diese Forschungs- und Entdeckungsarbeiten kam meiner Neugier und meinem Wissensdrang sehr entgegen. Gleichzeitig beschäftigte mich, wie sich Großvaters eindrückliche Erscheinung durch seine Art, sich zu bewegen, beschreiben ließ. Beim Theater hatte ich erfahren, wie stark Gesten, Mimik und Körperhaltungen auf der Bühne wirkten und Verheimlichtes oder Verdrängtes auszudrücken vermögen. So versuchte ich, Großvater durch den Gang, wie er den Spazierstock aufsetzte, die Körperhaltung, die er dabei einnahm, zu charakterisieren. Je mehr ich mich mit solchen Studien zu Gesten und Bewegungen beschäftigte, desto mehr fiel mir eine menschliche Stärke an der Figur des Großvaters auf, die mich diesen »Grobklotz«, wie Mutter ihn bezeichnete, nochmals neu und anders sehen ließ. Ich begann zu verstehen, wie er seine Kraft und Energie aus den dunklen Seiten seiner Kindheit und Jugend schöpfte. Er hatte die Schwindsucht, das Elend eines Verdingkindes, die Spanische Grippe überlebt. Er wusste, was es hieß, zu hungern, von zu Hause weggewiesen zu werden und sich durchzuschlagen. Er hatte den Krieg in der Legion erlebt. Er kannte aus eigener Anschauung, was in den Nachbarländern während der Weltkriege geschah, und dieses Wissen – in der Schweiz zum Glück wenigen bekannt – gab ihm das Gefühl von Überlegenheit. Keiner konnte ihm etwas vormachen, und das Unbedingte in seinen Handlungen und Entscheidungen verschaffte ihm mehr als nur Respekt. Es gab ihm Macht über andere Menschen, die ich in der Art, wie er sie gegen meinen Vater benutzte, verabscheute.

14

Die Recherchen und die Arbeit am Roman »Das schwarze Eisen« veränderten jedoch nicht nur das Bild, das ich von Großvater seit meiner Jugendzeit hatte. Ich begann auch Vater in einer neuen Perspektive zu sehen. Er, der in meiner Kindheit nur Gegenwart und im Beruf Geschäftsmann gewesen war, der versuchte, in verschiedenen Wirtschaftszweigen Erfolg zu haben, bekam durch die vertiefte Kenntnis seines Herkommens eine Geschichte. Sein Leben fügte sich in ein umfassenderes Zeitgeschehen ein, das ich zu untersuchen begann. Er war in autoritären Verhältnissen, während Kriegen und Krisen aufgewachsen. Sein übermächtiger Vater spiegelte im Familiären die diktatorischen Regimes der Zwischen- und Kriegszeit. Doch mit dem beginnenden Wohlstand in den Fünfzigerjahren des letzten Jahrhunderts waren die Patrone nicht mehr gefragt. »Die besseren Zeiten« begannen, ein Aufbruch, der mit Nierentisch, Mixer und Kühlschrank ein euphorisches Gefühl in breiten Gesellschaftsschichten auslöste. Endlich entkam man den alten ökonomischen Zwängen, befreite sich vom rigiden Verhaltenskodex der Nachkriegszeit, lockerten sich die Sitten. Die Einkommen stiegen, man konnte sich etwas leisten, und wer auf sich hielt, signalisierte mit Auto und Pelzmantel, Ferien in Italien und Skifahren im Bergdorf, dass er Teil am gesellschaftlichen Aufstieg hatte.

Ich begann Vater in seinem Gespaltensein zwischen Herkunft und gesellschaftlichem Wandel zu verstehen. Er bewunderte seinen Vater, hielt fest an dessen Werten, während er gleichzeitig sich aus seinem Einflussbereich zu befreien suchte und in den aufstrebenden Geschäften erfolgreich sein wollte. Darin war Vater ein typischer Vertreter seiner Zeit, und ich beschloss, mit seiner Geschichte meine Untersuchung des schrecklichen »kurzen zwanzigsten Jahrhunderts« fortzusetzen. »Die besseren Zeiten« würde der Titel eines dritten und abschließenden Bandes werden.

Die Arbeit an diesem Buch unterschied sich von den zwei vorangegangenen. Die Zeit, die ich behandeln wollte, lag zum einen Teil vor meiner Geburt, den anderen Teil hatte ich miterlebt. So bezogen sich auch meine Recherchen auf zwei sehr unterschiedliche Abschnitte. Ich forschte nach Spuren der Kindheit und Jugend meines Vaters, seiner Aufenthalte im Ausland, sammelte Material zu seiner Erblindung und der Zeit, die er vor dem Zweiten Weltkrieg zur Genesung in Sils Maria verbracht hatte. Doch mit dem Kriegsende wurde er zu einer Figur meiner Kindheit. Die Recherche verwandelte sich von der Rekonstruktion vergangener Ereignisse zum Überprüfen von Geschehnissen, die ich aus eigener Anschauung kannte. Was genau hatte sich damals ereignet? Wie trügerisch waren meine Erinnerungen? Ich suchte Leute auf, die meinen Vater damals gekannt hatten, an den Machenschaften, in die er verstrickt war, beteiligt waren. Ich kam aber auch nicht darum herum, in meiner eigenen Kindheit zu recherchieren. So suchte ich die alten Fundplätze wieder auf, die ich während meiner Beschäftigung mit Archäologie besucht hatte, beschaffte mir die Zeitungsberichte, die damals über meinen Jugendfreund Fredi Huber und mich geschrieben worden sind, und es war eine mir neue Erfahrung, die eigene verlebte Zeit zu einem Feld »archäologischer Forschung« zu machen.

Vater war 1977 gestorben, und mit seinem Tod endeten meine Untersuchung des zwanzigsten Jahrhunderts und die Geschichte meiner Familie. Die »Trilogie des Erinnerns« – so heißen die drei Romane als Ganzes – hatte mich zeitlich nahe an Pippas Erkrankung herangeführt, zu jenen Einschlägen, die mein Leben vollständig verändert hatten. Dieser Stoff begann mich erneut zu beschäftigen, als wäre er eine eigene, allein mich betreffende Fortsetzung der Trilogie. Das Geschehen in jener Februarnacht hatte nichts mit der Zeit, der Familie und der Geschichte eines Jahrhunderts zu tun. Es war ein aus den gewohnten Verhältnissen herausgelöstes Ereignis gewesen, das die Betroffenen, Pippa und mich, aus allen Bezügen und Bindungen herausriss und beide in eine je eigene Ausnahmesituation gebracht hatte: ein Umbruch, der ein bisheriges Leben beendete und in eine neue, noch unbekannte Fortsetzung führte. Ich hatte mich mit dem Stoff schon in den Romanen »Strandgut« und »Der Brief ans Meer« auseinandergesetzt, es bisher jedoch nicht geschafft, in das, was ich als »Zerstörungsgebiet der Asteroideinschläge« bezeichnet hatte, vorzudringen. Stets war ich in den Randzonen hängen geblieben, in Fragen, wie sehr ich selbst Schuld an dem Geschehenen trug.

Nun aber wollte ich mich ohne einen philosophischen Schutzanzug in das Einschlagsgebiet wagen und nach all den Jahren der Arbeit an der »Trilogie des Erinnerns« versuchen, die Tage, Wochen, Monate nach Pippas Hirnblutung in die Sprache zu bringen. Recherchen waren diesmal nicht nötig, das Material lag in mir. Doch durch die Jahre war die Zerstörungslandschaft, die durch die Einschläge entstanden war, nur andeutungsweise noch sichtbar. Die Ränder hatten sich eingeebnet, die Trichter waren überwachsen, und was einstmals eine Verwüstung gewesen war, hatte sich in eine etwas eigenartige, doch ansehnliche Landschaft verwandelt. Während des Schreibprozesses versuchte ich, die durch die Jahre abgelagerten Schichten abzutragen, ehemalige Strukturen freizulegen. Je tiefer ich eindrang, desto stärker erwärmte sich das Material, und es gab noch immer Stellen, die glutig waren. Die Sprache, die ich wählte, um festzuhalten, worauf ich durch die Ablagerungen der Jahre stieß, unterschied sich von den langen, schwingenden Perioden der »Trilogie des Erinnerns«. Sie war knapp, gehärtet, kalt. In ihr sollte kein Raum für Sentimentalitäten sein. Und ich hatte mir Schonungslosigkeit auferlegt. Nichts sollte geschönt oder verharmlost werden. Ich wollte und müsste mich an das Erlebte halten, auch was mein eigenes fragwürdiges, irrationales Verhalten betraf.

Nach Abschluss des Romans »Im Park« wurde mir bewusst, wie ausschließlich ich mich in den letzten Jahrzehnten mit der Vergangenheit beschäftigt hatte. Ich aber lebte in einem neuen Jahrtausend, dessen Gesellschaft sich aufgrund technischer Errungenschaften eben anschickte, sich vollständig zu verändern. Mein altes, seit der Studienzeit nie erloschenes Interesse an den Naturwissenschaften regte sich erneut, wandte sich den Erkenntnissen der Physik zu. Zugleich war ich dank der Tourneen von Moniques Tanzstück »Pagliaccia« und meiner Lesereisen in Länder und Städte gekommen, in denen dystopische Verhältnisse herrschten. Was wäre, wenn ich mich nochmals in ein Gebiet der Zerstörung schickte, diesmal in eine Megalopolis, die verdreckt, verfallen, gezeichnet von den wahnhaften Ideen vergangener Zeiten war, dort aber an einem Kongress teilnehmen würde, bei dem es um die neuesten Erkenntnisse ginge? Um eine vollständig neue Sicht der Welt? Jahre beschäftigte ich mich mit dem Stoff, während die Digitalisierung fortschritt, immer machtvollere Techniken unseren Alltag als Selbstverständlichkeiten durchdrangen, und ich war mir sicher, sollte es mir gelingen, den Roman zu schreiben, so würde er mein Werk abschließen.

Doch als der Roman »Der seltsame Fremde« erschien, waren in jenem Frühsommer heftige Regen gefallen. Es war warm geworden, und zu den Wassermassen, die vor meinem Haus braun und schmutzig vorbeiströmten, kam die Schneeschmelze in den Bergen dazu. Der Wasserpegel stieg, und vor meinen Fenstern spielte sich eine brausende, schäumende, wirblige Dramatik ab.

Mein Bruder und seine Frau waren ein paar Wochen zu Besuch in der Schweiz gewesen. Am Vortag ihrer Abreise nach Kanada saßen wir auf der Terrasse unseres Hauses über dem Strom, der noch immer Hochwasser führte. Wir aßen, tranken und wünschten Glück für die Reise.

Am Tag danach notierte ich:

> *19. Juni, vier Uhr nachts, ein dumpfes Grollen. Ich schrecke hoch. Die Hausmauern zittern.*
> *Ein Erdbeben!*
> *Brechende, reißende Mauern, dann ein dunkel plumpsender Ton, gefolgt von einem hellen, spritzenden Rauschen, das in einem Regen fallender Tropfen erlischt.*
> *Stille.*
> *Sie schafft Gewissheit: Das Hochwasser hat einen Teil unseres Hauses weggerissen.*

Es war dieses Erlebnis, das mich eine Entdeckung machen ließ, die mich erheiterte. Selbstverständlich war ich zuerst einmal schockiert, hatte mich um Absicherung, Benachrichtigung von Behörden, der Versicherungen, des Kraftwerks zu kümmern, war beschäftigt mit Möglichkeiten des Wiederaufbaus und der Finanzierung. Doch im Hintergrund drängte sich eine Frage auf, was ein solches Geschehnis nach einem gelebten Leben und einem abgeschlossenen Werk eigentlich bedeute. Und während ich nachsann, womit ich mich denn in den vergangenen Jahrzehnten beschäftigt hatte, fiel mir ein weiteres »fehlendes Gesicht« auf. Diesmal war es nicht meine Mutter, die in den frühen Erinnerungen fehlte und Anlass zum Roman »Die verschluckte Musik« gegeben hatte. In meinem Werk fehlte ich selbst. Ich hatte über Mama, Großvater, meinen Vater, über Pippa und ihre Krankheit geschrieben, doch nicht über mich selbst. In den vielfältigen Lebensbezügen, die ich bearbeitet hatte, fehlte – wie Mama in meinen frühen Erinnerungen – eine Figur: Das Ich, das dies alles erzählt. Es tritt nie wirklich in Erscheinung. Es hat – um ein Bild aus dem Theater zu gebrauchen, in dem ich so lange gearbeitet habe – sich stets in den Gassen der Seitenvorhänge, der Soffitten, aufgehalten, hat dem Geschehen auf der Bühne zugeschaut, ohne selbst je ins Licht zu treten. Und als ich dies entdeckt hatte, fand ich es an der Zeit, über dieses Ich zu schreiben, es in den Spot meiner Aufmerksamkeit zu stellen, zumal ein Vorfall es mehr als notwendig machte. Während des Abbruchs der in den Strom gestürzten Terrasse zeigte sich, dass das Fundament des Hauses brüchig war.

15

Zwei Jahre nach Einsturz saß ich im Gerichtssaal. Die Befragung war für uns günstig ausgegangen. Wir hatten berechtigte Aussicht, dass die Versicherung doch verpflichtet sei, die Kosten zu übernehmen. Im Verlauf des Prozesses forderte die Gegenseite eine umfangreiche wissenschaftliche Untersuchung des Felsuntergrunds. Die Kosten bei einem für uns negativen Urteil triebe diese in eine ruinöse Höhe. Unser Anwalt empfahl, einen Vergleich abzuschließen: Es käme zu keinem Urteil, die Gerichtskosten würden geteilt, und wir erhielten einen Teil der Kosten für den Bau des Balkons erstattet.

Wir stimmten zu. Das Gerichtsverfahren hatte uns ermüdet, und ich sehnte mich zurück an den Schreibtisch und zu meinen Studien. Nach einer weiteren Sitzung mit den Rechtsvertretern der Versicherung kamen die Papiere, die den Vergleich regelten, und ich legte sie auf meinem Schreibtisch aus. Was als ein Zittern der Hausmauer, *brechende, reißende Mauern, dann ein dunkel plumpsender Ton, gefolgt von einem hellen, spritzenden Rauschen, das in einem Regen fallender Tropfen erlischt*, begonnen hatte, war zu Argumenten und Rechtsstandpunkten geworden. Mich aber hatten die Risse im Fundament unseres Hauses zu der Frage zurückgeführt, wie der Untergrund meines Lebens denn tatsächlich beschaffen war und wie ich den Weg gefunden habe, den es nicht gab und den ich dennoch gehen wollte.

An einem Nachmittag stand ich auf dem Balkon, der anstelle der Terrasse über den Rhein ragte. Wir hatten uns für einen Lattenrost als Boden entschieden. Durch die Lücken zwischen den einzelnen Latten sah ich hinab auf die Reste der Mauer, auf Geröll und Erde, wucherndes Kraut und ziehendes Wasser. Ein Blick, den es zuvor nicht gegeben hatte. Für einen Moment glaubte ich, über dem Abgrund zu schweben, in den die Terrassenmauer gestürzt war.

Doch dann löste sich der Blick von den Zwischenräumen und dem Blick in die Tiefe. Ich betrachtete die Latten, und einem Gedanken folgend, erschienen sie mir wie die Zeilen eines Textes, die Zwischenräume wie der leere Abstand dazwischen.

Und ich erinnerte mich an die Sätze eines Freundes, die er mir gewidmet hatte:

Den Boden, den wir nicht gehabt haben, schaffen wir uns selber.
Mit Buchstaben und Wörtern, die wir zu Geschichten verfugen, geben wir dem Ich einen Grund, machen

das Nichts begehbar und steigen an Orte, wo kein Boden mehr nötig ist.

Davon schreib, sagte ich mir, und stieg die Treppe hoch in meine »Flussklause«.

Mit Ausnahme eines Auszugs aus dem Gedicht »Die blaue Stunde« von Gottfried Benn, dem fiktiven Zitat einer Zeitungsnotiz und dem Zitat am Schluss von Beat Gloor sind die kursiven Stellen Ausschnitte aus publizierten und unpublizierten Arbeiten der jeweiligen Jahre.

Dieses Buch ist auch als E-Book erhältlich.

MIX
Papier aus verantwortungsvollen Quellen
FSC® C014496

Verlagsgruppe Random House FSC® N001967

1. Auflage

Satz: Uhl + Massopust, Aalen
Druck und Einband: GGP Media GmbH, Pößneck
Umschlaggestaltung: buxdesign, München
Covermotiv: Getty Images/Nadine Berghausen/EyeEm
Printed in Germany
ISBN 978-3-630-87602-3

www.luchterhand-literaturverlag.de